CARLOS G. ORDÓÑEZ

LOS PRIMEROS EXILIADOS

Miami, Florida
1960-2004

Copyrigth by Carlos G. Ordóñez (2004)

(Derechos reservados)

Composición y diagramación: Carmen R. Borges

ISBN 0-9667194-1-7

Este libro se terminó de imprimir
en Miami, Florida, en enero de 2005
en los talleres de Ahora Printing,
6218 S.W. 8th Street, Miami, Florida U.S.A. 33144
(305) 261 5116

Para ordenar su libro:
Envie chek or money order por $21.75
a Carlos G Ordoñez.11870 SW 97 Ter
Miami, Florida 33186 .

DEDICATORIA:

Dedico este libro a la memoria de Enrique (Kikio) Llansó Alzugaray, al cual tuve la suerte de contarlo entre mis mejores amigos, pero sobre todo, teniendo en cuenta que sus cualidades humanas y patrióticas podrán ser igualadas, pero nunca superadas.

ÍNIDICE

Prólogo por José Sánchez-Boudy	7-8
Introducción	9
PRIMERA PARTE –LA LLEGADA	
CAPITULO I (Trabajos forzados)	17
University Cab	24
guagüita	28
CAPÍTULO II (Y Cuba... ¿Qué?	31
La travesía	34
PC 2506-MRR	39
CAPÍTULO III (La Invasión)	47
La rastra de la muerte	52
La crisis de los cohetes	59
La tapa al pomo	67
La llegada de los prisioneros	68
La desbandada	71
SEGUNDA PARTE (El verdadero exilio)	
CAPÍTULO IV (Lugares extraños)	79
New York, 1962-1965	80
Asunción, Paraguay 1965-1968	84
Río de Janeiro, Brasil, 1968-1971	87
Buenos Aires Argentina, 1971-1973	89
San José, Costa Rica, 1973-1976	95
Miami, 1976-1982	96
New York, 1982-1991 (Japón)	98

HONOR A QUIEN HONOR MERECE

TERCERA PARTE
Selección de mis artículos, cartas
y opiniones (1991-2004)
CAPÍTULO V

Por qué nos quedamos	113
Artículos y cartas	**114-166**
CONCLUSIÓN	**167**

PRÓLOGO

Carlos García Ordóñez pertenece a esa generación que salió hacia el exilio y lo hizo para derrotar al comunismo, devolver la libertad a Cuba, la Patria esclavizada, llegada a tierras extranjeras con su familia. Perdida toda su fortuna, luchó bravamente para dar a sus hijos lo que ella tuvo en Cuba, mientras les inculcaba los valores que traían de allá, de la tierra amada.

Su nombre y su vida lo encierran todo, Churry es el nombre cariñoso hacia un cubano que pertenece a la nobleza criolla de espíritu, esa en que nos formamos la generación que está en el destierro.

La nobleza criolla de espíritu es la que distingue a los hombres para los que la amistad, la libertad y la lealtad fueron todo en su vida. Esa juventud cubana, esos cubanos –en general- de la República, los que siempre tuvieron por divisa un amor tremendo por su Patria.

En este libro: **Los primeros exiliados**, está la vida de trabajo de García Ordóñez narrada sin acrimonia, sin dolor, sino como un deber, porque la Patria como agonía y deber ha sido la divisa de todos nosotros, los que competíamos unos con otros como alumnos de los **Maristas de La Salle**, de **Belén**, en que competíamos una generación cubana que pertenece a un exilio único, de los que no se adaptan a vivir fuera de su Patria, sin el calor de sus hogares y sus tradiciones.

Y así, página tras página, nos va dejando la vida de un exiliado que no dialoga, parado frontalmente como el Exilio Histórico y la Cuba Eterna, frente al enemigo, y nos incluye sus artículos y cartas que envía a los periódicos denunciando a los que se quiebran, a las negociaciones deshonestas con el tirano, y va dejando en pinceladas la historia de un exilio único, en su constante lucha por la libertad de su Patria.

Su valor personal es probado cuando se embarca hacia Cuba en una aventura desafortunada de la CIA, que casi le cuesta la vida, y cómo posteriormente se enlista en la Marina del Frente Revolucionario Democrático, para participar en la Invasión de Bahía de cochinos como tripulante del PC-2506, cuya embarcación diez días antes de la invasión, fue confiscada en Miami inesperadamente por la Marina de Guerra de los Estados Unidos.

Termino mi Prólogo, expresando que este libro es la vida de un exiliado, de sus hombres, personificado en la existencia del Dr. Carlos García Ordóñez y su familia ("El Churry", para nosotros), prototipo de una nación que hizo hijos para la libertad, retratados en estas páginas en la figura de un atleta "all around", y de un cubano por los cuatro costados.

Dr. José Sánchez Boudy (Pepito)
Miami, julio de 2004.

INTRODUCCIÓN

A finales de 1998, publiqué mi primer libro titulado **Cómo éramos y por qué nos fuimos,** y para mi sorpresa, ha tenido bastante aceptación en el exilio en general, y la mayor satisfacción de escribirlo fue recibir cartas de felicitación y de impresiones personales sobre el mismo. Como el título bien lo dice, el libro trata de mis experiencias durante lo que ocurrió en Cuba de1941 a 1960, o sea, desde que era prácticamente un niño de catorce años, hasta mi salida de Cuba (un exiliado más), a los treinta y tres años, casado y con dos hijos y otro por venir. La nostalgia y el haber descrito esa época como yo la vi, de una manera informal y prácticamente conversada, contribuyó al éxito del mismo.

Mi nuevo libro: **Los primeros exiliados**, comienza con mi llegada al exilio y termina cuarenta y cuatro años después en el mismo Miami, con setenta y siete años y siete nietos, escribiendo cartas y tratando de defender al exilio histórico, de los dialogueros que están dispuestos a aceptar cualquier acercamiento con el régimen castrista, aunque signifique reconocer su Constitución Comunista.

Se hace difícil, y aun más penoso, escribir sobre un exilio que ha resultado un destierro, y espero que este libro tenga la misma aceptación, aunque el cubano de nuestra generación, que ha sido el que más ha luchado por lograr nuestra libertad con las armas y las palabras, sigue soñando con un pronto regreso a la que fuera otra Cuba que prácticamente no existe.

Describo, primero que todo, lo que fue el exilio cubano en los primeros años, de 1960 en adelante; las vicisitudes y los trabajos que tuvimos que pasar para ganarnos el sustento y educar a nuestros hijos, y los dos acontecimientos principales del principio del exilio, que fueron: Bahía de Cochinos y la Crisis de los Cohetes, que parecen ser los eventos principales que definieron nuestra prolongada estancia en este país.

Esos primeros años fueron muy duros para la mayoría de los exiliados, que llegamos a Miami con unos cuantos dólares en el bolsillo y nos negamos a recibir dinero del gobierno, que nos matamos trabajando para mantener a nuestras familias y que sin embargo, gracias a nuestro sentido del humor, logramos tolerarlo mejor.

Trato de describir la idiosincrasia de Miami en esa época y su racismo, y cómo cuando perdimos la esperanza de un regreso cercano, muchos tuvimos que buscar otros horizontes y no nos quedó más remedio que relocalizarnos a lugares extraños para nosotros.

La segunda parte de este libro: **El verdadero exilio**, comienza con mi salida de Miami, en cuyos capítulos trato de describir mis experiencias y opiniones de los lugares donde trabajé, como: New York, Asunción (Paraguay), Río de Janeiro (Brasil), Buenos Aires (Argentina), San José (Costa Rica) y por último mis contactos con Japón.

Casi todos los exiliados, sobre todo los de mi generación, tuvimos un principio del exilio muy duro y penoso, pero también mezclado con muchos momentos de agradables recuerdos, aunque tenemos que admitir que sólo una minoría respondió al llamado de la Patria de liberarla con las armas.

Este libro también es un homenaje a los verdaderos héroes del exilio, cuyos méritos deben ser reconocidos, a pesar de no haber conseguido su objetivo de derrocar al régimen castrista con las armas, de la **Brigada 2506**, el **MRR, Alfa 66** y otras. Ese hubiese sido el único método para volver a una verdadera Cuba libre, democrática y soberana, ya que el pueblo que no se libera por sí mismo nunca podrá gobernarse por sí mismo.

No sólo los brigadistas fueron héroes en aquella etapa. Antes y después de la Invasión de Bahía de Cochinos, se llevaron a cabo numerosas incursiones marítimas a Cuba, llevando armamentos e infiltrando personal a la resistencia, en la cual estuvieron involucrados una gran cantidad de cubanos exiliados, a los cuales no se les menciona y son prácticamente héroes anónimos, que merecen nuestro respeto y admiración. Dentro de ese grupo de valientes cubanos, menciono a Enrique (Kikio) Llansó, Cecil Goudie, Tony Cuesta y Orlando (Bebo) Acosta, Capitán René Cancio, Luis Crespo y Ernestino Abreu.

Tampoco debemos olvidarnos de los presos políticos, los cuales tienen un mérito extraordinario y son bastante ignorados y no reconocidos como se merecen. Representándolos a todos ellos, menciono a Gastón Fernández de la Torriente, Enrique Ovares, Ramón Mestre, Carmina Trueba, Ofelia Arango, Rino Puig, Eddy Arango y Bebo Borrón.

La tercera parte: **El retiro**, la dedico al exilio que encuentro a mi llegada a Miami de New York, en 1991, con motivo de mi retiro de "Niko Securities Itl. Inc.", con el cargo de vicepresidente, y dejo que mis artículos y cartas que escribí sobre varios temas de la causa, hasta los más recientes, hablen por mí, en las cuales expreso mi opinión de las distintas organizaciones anticastristas a las cuales no pretendo desmeritar, pues han mantenido la antorcha de la libertad encendida por cuarenta y cuatro años, pero su desunión ha sido otro de los motivos de nuestro problema actual, ya que esto ha contribuido a que no tengamos una unidad en la lucha contra el tirano, lo que hace que no nos respeten internacionalmente.

Mi opinión es reflejada en mis cartas de 1991 al 2004, cuando paulatinamente llego a la conclusión que el futuro de Cuba se nos ha ido de las manos, y que dependemos de una intervención americana, la cual sinceramente no veo en el horizonte.

Se hace difícil terminar de escribir opiniones sobre la situación de Cuba y su eventual libertad, cuando todos los días surge algo trascendente que se relaciona y complica más ese ansiado día que todos esperamos y que parece nunca llegar. He leído muchos artículos escritos por grandes columnistas, tanto de El Nuevo Herald como de Diario las Américas, que siempre terminan con un optimismo vislumbrando la caída del régimen en un futuro cercano, y su lectura nos da inspiración y esperanza.

Yo quisiera hacer lo mismo y terminar este libro y mis opiniones, de la misma forma, pero no sería fiel a la realidad, y por eso me decidí a escribir lo que verdaderamente pienso y no lo que todos queremos leer.

Nunca comprenderemos cómo la administración de Bush (hijo) está liberando al mundo de dictadores y terroristas, sin embargo, no hay política alguna sobre qué debe hacerse con Cuba y el dictador y probado terrorista Fidel Castro, que es responsable de la inestabilidad política de la mayoría de los países latinoamericanos en estos momentos, principalmente en Venezuela y Colombia (con las FARC), con la adición de la nueva tendencia izquierdista de Brasil, Argentina y Ecuador, que complican más la posibilidad de nuestra libertad, y si se permite que el títere de Castro, Hugo Chávez, permanezca en el poder, su revolución Bolivariana (cubana), ya podemos decir: ¡Adiós Cuba!. Esperemos que esto no ocurra, pero – como decimos los cubanos-: *"Esto pinta mal"*. Estoy loco por equivocarme.

El autor.

Nota: Lunes, 16 de agosto de 2004. Se confirma por el Consejo Nacional Electoral de la República Bolivariana (Venezuela), el triunfo del NO sobre el SÍ, en el referéndum que se celebró en el día de ayer, con el objetivo de sacar del poder a Hugo Chávez Frías.
Martes, 17 de agosto de 2004. El triunfo del presidente Hugo Chávez Frías es confirmado por Jimmy Carter, presidente del Centro Carter, y el presidente actual de la Organización de Estados Americanos (OEA) César Gaviria, a pesar de un obvio fraude electoral."

Datos históricos de la Invasión de Bahía de Cochinos y la Crisis de los Cohetes con algunos comentarios personales, han sido extraídos del Libro "Cuba" de Hugh Thomas y "Bay of Pigs Declassified, The Secret CIA Report on the Invasion of Cuba" de Peter Kornbluh.

PRIMERA PARTE

LA LLEGADA

CAPÍTULO I

TRABAJOS FORZADOS

Después de una hora y media de viaje por Pan American, llegamos a Miami el día 13 de agosto de 1960, mi esposa Sylvia, mis hijos, Carlos de siete años y Cristina de tres, Edilia Valladares (la Tata de Cristina) y yo, con $1,000.00 en efecivo y el alma hecha pedazos.

Fui el primero en salir, mi hermano Raúl sale unos meses después y mis padres unos años más tarde. Era el momento preciso para partir, Fidel, sin declararse abiertamente comunista, seguía paso por paso la doctrina, además el viaje era temporal, pues el gobierno americano nunca permitiría, de acuerdo a mi criterio, una fortaleza comunista a noventa millas de sus costas, y pensaba que todo se resolvería pronto, a lo más un año.

Entraba en la mentalidad del lechoncito que nos íbamos a comer el año próximo en Cuba, según se decía en Miami. Si contamos los "lechoncitos" de entonces a hoy en día, no cabrían en La Lechonera.

La fecha de salida de Cuba no se olvida nunca, y cuarenta y cuatro años después, cuando me decido a escribir mis recuerdos de aquellos momentos, me vuelve una melancolía que no esperaba sentir, pero es que años no han borrado el intenso dolor del destierro.

A pesar de que tenía la gran fe de un pronto regreso, no podía dejar de sentir una incertidumbre de lo que no dejaba de ser una aventura, por los pocos recursos económicos con que contaba. Mis mil dólares en efectivo sabía iban a desaparecer rápidamente, los cuales utilicé para alquilar un apartamento por $105.00 al mes, de dos cuartos y un baño, en la calle Majorca; poner un *down payment* en un *Ford Falcon* que costaba $1,100.00 dólares, y empezar a trabajar en un bufete que se llamaba Cohen Cohen and Goldberg.

El trabajo me lo había conseguido mi padre desde Cuba, igual que todo lo demás que puedo pensar desde que nací hasta que salí, de pronto ya no era el hijo de mi papá, que me pagaba todas las cuentas del Habana Yacht Club y del Vedado Tennis, y que permitía que llegara tarde al trabajo y me fuera temprano a jugar basket ball, que para mí era más importante que mi carrera de abogado. El susto que me llevé fue tan grande, que acabé como muchos cubanos recién llegados: adicto al Valium.

Lo primero que hacían las mujeres al llegar a Miami era insistir en que le pusieran el teléfono rápidamente, y averiguar quién había llegado, para comparar tragedias y ver cuándo nos veríamos. Habíamos bastantes ya en el mismo bote y todos pensando que era una especie de vacaciones. El punto de reunión era Key Biscayne, donde algunos habían alquilado unas casitas que les llamaban *Mackels*, que eran prácticamente lo único que existía en esa época, y la mayoría de los que caminábamos por la playa desierta éramos cubanos.

Mi primer día de trabajo en el bufete, que quedaba en la calle Flagler, en el corazón del *"down town"*, que era entonces el lugar más prestigioso, llegué de lo más entusiasmado ya que era un privilegiado, comparado con mis amigos taxistas. Mr. Cohen padre, me recibió muy cortésmente y me advirtió lo duro del trabajo y las muchas horas de sacrificio personal que requería ser un cobrador de cuentas, e inmediatamente me asignaron un teléfono para que empezara a llamar a los "pechugueros".

"¿Dónde me he metido, yo, miembro del prestigioso Bufete García Ordóñez, llamando por teléfono el día entero, para cobrar cuentas? ¡Qué se habrá creído el viejo este!" –pensaba. Qué decepción. ¿Cómo iba a aguantar esa humillación? Ese mismo día me encontré con un amigo por la calle Flagler y le conté mi tragedia, él me dijo: "Mira, mi hermanito, el exilio está de madre y sólo tienes dos soluciones: el suicidio o el Valium". Y enseguida me recomendó un farmacéutico que me lo vendiera sin receta.

En aquel tiempo los "pechugueros" eran americanos, pues los cubanos que posteriormente les rompieron su record, todavía no tenían crédito. Recuerdo los primeros días llamando por teléfono, aunque me defendía, mi acento era más bien el de un gallego hablando inglés: *Hello, good morning, my name is Carlos García Ordóñez, from Cohen, Cohen and Golberg.* "¿Carlos Who? "–me preguntaban. Mira pon a otra persona al teléfono porque yo no entiendo.

Cuando ya cogí práctica y los morosos eran amables, a mí me daba pena cobrarles y les daba un *break*, en lugar de amenazarlos con llevarlos a los tribunales, como era la política del bufete, así que mi record de cobrador de cuentas era bastante flojo.

Ya me daba cuenta que mi puesto de cobrador estaba en el aire, y empezaron a darme recaditos humillantes, para que renunciara, como mandarme a buscar café y cigarros al *Wallgreen* de la esquina, y yo aguantando como un león. Hasta que un día Mr. Cohen me llamó a su oficina. "en la calle" –pensaba yo, antes de tocar la puerta-, y me dice muy amablemente:

—Carlos, tengo un trabajito para ti, por favor ve a buscar una silla que tiene mi amigo Sy Friedman que no la quiere y a nosotros nos viene muy bien –y tranquilamente me dio la dirección. Yo, al principio creí que era una broma de Mr. Cohen. Yo, Carlos García Ordóñez, abogado de profesión, ¿ir a buscar una silla? ¡Qué se habrá creído este viejo decrépito!- me dije muy malhumorado. Pero bueno, los víveres estaban por medio y decidí cumplir la orden.

Llegué a la oficina de Mr. Friedman como a cuatro cuadras (de las largas), subiendo por Flagler, donde muy amablemente me entregaron una silla de oficina que pesaba una tonelada. Agarré mi silla, la levanté sobre mi cabeza, y comencé mi vía crucis Flagler abajo. Las cuadras parecían enormes, cuando, desgraciadamente, me encuentro con dos individuos conocidos que me gritan: "¡Churry, a dónde vas con esa silla?" –Me reconocieron a pesar de que casi no se me veía la cabeza. Al llegar a mi destino y colocar la silla, le dije a Mr. Cohen: *"I quit"*, y él encantado.

Otros trabajos.

No me quedó más remedio que acudir a mi amigo Roberto Fernández Miranda, para conseguir otro trabajo. Él había comprado un edificio de apartamento en Harbor Island a la entrada de Miami Beach, en el 79th Crossway y le hacía falta un encargado, (un super). Me lo ofreció, y como decíamos en Cuba: le partí el brazo, ya que mi sueldo incluía un apartamento de un cuarto muy amplio, donde nos metimos toda la familia. En el cuarto los dos niños y la Tata, y en la sala, Sylvia y yo, que dormíamos en un "Castro-convertible".

Roberto me puso un *handy man*, así que yo me ocupaba de la administración del edificio y la "pega" era suave. Allí sólo vivían viejos retirados, que eran pesadísimos, y no se permitía tener niños en los apartamentos, así que los míos los tenían aterrorizados, pues estaba prohibido gritar o llorar.

Eran tiempos duros, pero con cierta resignación, tratando de pasarla lo mejor posible, y todos nuestros amigos estaban pasando por la misma situación. Nos reuníamos muchísimo en Key Biscayne a la hora de almuerzo y cada uno llevaba un *hamburger* y no existía el cubano plantillero que desgraciadamente surgiría unos años después, cuando empezaron a ganar dinero. Estábamos contentos y mirábamos nuestra situación como algo temporal que resolverían los americanos.

Fue en esos momentos que ocurrió algo inesperado. Sylvia salió en estado y el momento no podía ser más inoportuno, pero bueno, qué se iba a hacer, dicen que todos los niños "llegan con una flauta de pan bajo el brazo", ya veremos cómo le hacemos frente –pensamos tratando de ser optimistas-. Aparte de los gastos que representaba, sabíamos que ya no íbamos a caber en el apartamento, además, a Fidel le queda poco... (Pensábamos).

Creí que nunca más trabajaría con un judío, cuando la señora Zimmerman, una mujer muy agradable que vivía en el edificio, me propone un trabajo con su hijo que estaba abriendo varias tiendas de pintura llamadas "Paint Fair". A mí me pareció una maravilla, pues fui nombrado *manager* de una que estaba situada en la 7 calle y 37 avenida del N.W. Mi primer *"white collar job"*.

En mi debut me estaba esperando Mr. Zimmermann, un joven flaquito pero bastante zoquetico. La tienda era grande, llena de galones de pintura blanca, una máquina para hacer los colores, brochas, etc. Me habían prometido un negrito que iba a limpiar, pero mi jefe me dijo que él había "quit" y que mientras tanto yo era el responsable de la limpieza del local, y me entregó un trapeador para que empezara mi labor cotidiana.

Después de la limpieza de la tienda, mi jefe me explicó que, por el momento, no podía ponerme un asistente, por lo tanto yo era responsable de todas las ventas así como de la contabilidad, cerrar la caja, etc. Continuó diciendo que tenía un reloj en la cerradura que marcaba si yo llegaba a las ocho de la mañana para limpiar la tienda, ya que se abría al público a las 9:00 a/m y se cerraba a las 7:00 p/m.

Para almorzar disponía de diez minutos, tiempo en el que debía ir a comprar un hamburger, traerlo a la oficina, y comérmelo en otros diez. Naturalmente, él chequearía todas las semanas, lo cual le indicaría si yo había cumplido con mi deber.

—Los días de trabajo son de martes a domingo, y los lunes libres –me dijo como un sargento, y se retiró muy satisfecho de su labor ejecutiva, dejándome a mí con el trapeador en la mano. ¿Y esto es un "white collar job"? Me pregunté sin hallar respuesta.

Después de dos meses de una "pega" durísima, y de aburrirme como un chino, pues los lunes mis amigos trabajaban, ocurrió lo que en entonces me pareció una tragedia, pero fue el momento preciso en que me di cuenta que estaba perdiendo el tiempo en Miami, si no había vuelta a Cuba. Fui despedido de mi trabajo. Fue un momento muy desagradable y de gran angustia, aunque las circunstancias parecieron graciosas a aquellos que les hice el cuento.

Resulta que una tarde apareció en la tienda una señora de cierta edad, muy distinguida, que si no mal recuerdo se apellidaba Rosemberg, se acercó al mostrador y me dijo que quería pintar la sala de su casa con un *shoking pink*. Yo sabía mezclar los colores y salí con un tremendo pink (rosado), pero no estaba seguro si era shoking o no. Bueno, pa'lante.

Mezclé un galón y se lo enseñé a la Sra. Rosemberg, la cual quedó fascinada y me felicitó por mi facilidad artística. Faltaban diecinueve más, y yo encantado con mi gran venta, seguramente sería felicitado por Mr. Zimmerman, así que mezclé los galones y se los llevé al automóvil a mi nueva clienta, los coloqué en el baúl y me despedí de ella de lo más agradecido. ¡La venta del año!

Al día siguiente, domingo, llegué en mi Falcon como a las ocho y media de la mañana, o sea, un poco más tarde, por lo que el sargentito seguro me regañaría en cuanto chequeara la cerradura. Cuando parqueo el carro cerca de la tienda, veo a mi clienta del *shoking pink* parada en el medio de la puerta esperándome, y al acercarme, empieza la vieja a insultarme:
—You F cuban... -etc... etc.- Mira lo que hiciste.
Abrí el baúl del automóvil, eché un ojo, y vi la ropa que había comprado para sus nietos nadando en el "shoking

pink". Un ligero detalle: no había cerrado bien uno, o quizás más, de los galones.

La vieja seguía gritando y yo tratando de calmarla:
—Señora, por favor, cálmese, que yo le limpio el automóvil y le doy más galones si quiere. –Y finalmente me dice:
—Yo soy amiga de la familia Zimmerman, así que date por despedido.

Y efectivamente, como una hora después de estar en la tienda llama mi jefe y me dice que recoja mis matules. De mejores lugares me han botado –pensé-. Pero creo que nunca lo sentí tanto en mi vida, la comida de mi familia dependía de mi trabajo.

University Cab.

Uno de los trabajos más fáciles de conseguir en Miami era el de taxi driver; no había que entrevistarse, lo único que había que hacer era aparecerse. Claro que la decisión era diifícil para los que, como yo, no estábamos acostumbrados a trabajar en exceso.

Uno de los primeros exiliados taxistas fue un señor muy conocido de todos, un español de apellido Carvajal, que había perdido todo su capital en Cuba. Tendría unos sesenta años, pero no había duda de que era echado pa'lante y dispuesto a lo que viniera. 'El ya era taxista hacía unos meses y reclutó, como si fuera un *scout* de grandes ligas, a todos los cubanos que pudo.

Una vez lo encontré por Flagler, era su día libre.
—¿Qué pasa Carvajal? ¿Cómo está el exilio?

—Chico, yo estoy de lo mejor, me cansé de "buzcar" trabajo y estoy con University Cab, me siento encantado y me "buzco" unos pesos.
—¿Pero eso no es una pega durísima? –le pregunté.
—Bueno... Te acostumbras, y es mejor que morirse de hambre. -¿Morirse de hambre? Nunca se me ha olvidado. Cuando llegué a mi casa me tomé un Valium y decidí reportar al día siguiente a University Cab.

Estaba situada en Coral Gables, los taxis eran verde oscuro, último modelo, pero sin aire acondicionado. Al reportar –por recomendación de Carvajal-, fui aceptado inmediatamente. Cien por ciento de los taxistas éramos cubanos, pues Joe, que era el jefe, había ido despidiendo a los americanos, ya que parece que eran borrachos, a medida que Carvajal seguía reclutando exiliados.

El horario de mi grupo era de 6:00 a/m a 6:00 p/m, luego entraba el grupo nocturno, que prefería trabajar de seis de la tarde a seis de la mañana. Solamente se recogía a los pasajeros que llamaban por teléfono y se usaba el radio para mandarte de un lado a otro. Mi debut fue en el invierno, pues recuerdo cuando llegué, a las cinco de la mañana, hacía bastante frío y estaba completamente oscuro. Yo tenía un *jaket*, pero los pantalones eran de verano. Me asignaron mi taxi y mi equipo de limpieza, que consistía en un palo trapeador y un cubo de agua con *shampoo*. Todos los taxis tenían que salir bien limpios del parqueo e inspeccionados por Joe, que era el capataz, y si estaba sucio no te dejaba salir.

Después de varios días de limpiar mi taxi con ahínco, para complacer a Joe, se acerca mi amigo y compañero taxista, el doctor Carlos Alberto Arriaga. Se estaba riendo de mí, y me dice:

—Pero Churry, tú eres imbécil. ¿No te has dado cuenta que aquí todo el mundo limpia nada más que la mitad del carro?
—¿Cómo que la mitad del carro? –exclamé con asombro.
—Sí, chico. Mira, limpia solamente la mitad que da a donde Joe se para a inspeccionar, la otra él no la ve, pues da contra el muro de salida.

Ya yo había limpiado mi taxi completo, pero a la mañana siguiente seguí el procedimiento indicado por Carlos Alberto, y al terminar, nerviosamente me acerqué a salida, donde estaba Joe –la parte sucia del otro lado-. Él se toma su tiempo, mirando las ruedas, el capó, el techo, y al fin me dice:
—Good job, Carlos. Go... -nunca más, gracias al consejo de mi amigo, tuve que limpiar todo el taxi, y eso, aunque parezca insignificante, demostraba el ingenio del cubano para aliviar un poco la difícil situación en que nos encontrábamos.

Cuando llegó el verano, se podrán imaginar lo que era manejar un taxi sin aire acondicionado; llevaba una toalla para secarme el sudor, pues era un sauna gratis. Cada vez que pasaba delante de un Burger King o un McDonald, paraba y me compraba una Coca Cola gigante, para no deshidratarme. Manejando un taxi se aprende mucho. Aunque parezca mentira, te conviertes en una especie de siquiatra gratuito, pues el pasajero que se monta solo –sobre todo las mujeres-, tienen que hablar o se mueren. Me acuerdo de una que, después de contarme su tragedia matrimonial, muy seriamente me preguntó: "¿Tú crees que me debo divorciar?"

Hay todo tipo de experiencias, como por ejemplo: ir a buscar un borracho a un bar por una llamada de su mujer. Naturalmente, el tipo no se quiere ir y hasta se quiere fajar contigo, así que hay que pasarse un tiempo tratando de convencerlo, y que te ayude el *bartender*, y por fin te lo llevas para su casa. O la viejita que te llama desde el supermercado llena de paquetes, y resulta que vive a dos cuadras; es el peor negocio del mundo, pues el *"meter"* marcó $0.25 y tienes que bajarle todos los mandados y llevarlos a la cocina, donde ella, muy graciosamente, abre un monedero de esos antiguos y te da un *dime* de *tip*, (diez centavos de propina).

Solamente del tiempo que trabajé de taxista pudiera escribir un libro, porque hay muchas anécdotas para contar, pero siempre recordaré cómo reaccionaban los cubanos conocidos de uno, cuando llamaban a University Cab y se encontraban conmigo de taxista.

El gallego Martínez Zaldo, gran amigo de mi familia, un tipo muy simpático, persona decente y todo un caballero, pide un taxi y me aparezco yo al timón. En cuanto me vio me di cuenta de su sorpresa, y me saludó:
—¡Hey! ¿Qué pasa Churry, cómo andas?
Y habrá pensado: " El pobre, qué jorobado estará este, que está manejando un taxi". Luego vino su indecisión, no sabía si montarse atrás, como un pasajero normal, o delante, conmigo, por pena. Finalmente optó por sentarse a mi lado.

El viaje fue muy rápido y corto, pues él generalmente usaba el taxi para hacer la visita al senador Luis del Valle, que vivía cerca. Cuando llegamos el *meter* marcaba $0.35 y él se veía cortado por el poco dinero que yo iba a ganar. Al mismo tiempo, tenía en la mano un *quarter* y le daba pena dármelo de propina, hasta que yo le dije:
—Gallego, no jodas más con tu pena y dame ese *quarter*, y se lo arranqué de la mano. Él se rió y se bajó más tranquilo. No había ofendido a su amigo.

Uno de los más temibles taxistas por nuestros rivales el "Yellow Cab" era Guido Coli, que por su agresividad era capaz de cualquier triquiñuela con tal de robarles los clientes. Sobre todo recuerdo a una vieja taxista del *Yellow Cab* que lo odiaba y le llamaba Fucken Cuban. Resulta que uno de los lugares donde se nos permitía recoger pasajeros ambulantes era el antiguo Bus Station de Coral Gables, a los del Yellow Cab se les permitía recogerlos en el medio de la calle.

Nosotros recibíamos las órdenes de recogida por radio, pero cuando estábamos inactivos hacíamos cola muy ordenadamente las dos Compañías de Taxis para recoger a los pasajeros que se bajaban de las "guaguas".

Guido no creía en colas y venía de atrás como un bólido y se llevaba a los pasajeros sin hacer caso a nadie y dando una "cañona'. La vieja taxista le gritaba todo tipo de improperios en inglés, a lo que Guido simplemente, sin inmutarse, le sacaba el clásico dedo de *"shove it"* por la ventana.

La guagüita.

Después de mi fracaso como vendedor de pinturas y de varios días de convertirme de nuevo en desempleado, tuve de nuevo que recurrir al Valium. Recuerdo un día que fui a depositar al banco mi último cheque y estando en la línea de espera me desmayé como un pollo. Ahí estaba mi amigo y compañero de remos Paquito de la Fuente, el cual me atendió y me llevó al hospital más cercano.

—Este señor no tiene nada, es simplemente un *nervous breakdown.* ¿Tiene trabajo? –dijo el médico.

De vuelta a los clasificados del Miami Herald. Aparece un anuncio que decía:

> "Se busca chofer diligente para transportar tripulación de Nacional Airlines. Horario 12 a/m a 5/am. Certificado de buena conducta necesario".

No sé qué yo me iba a robar en ese puesto.

La idea de un trabajo nocturno no era muy agradable, pero pensé que no iba haber muchos aspirantes y me presenté en la oficina National Airlines, situada un poco apartada de donde parqueaban los aviones de la compañía. A ese tipo de posición sólo aplicaban los negros, y se les daba preferencia a los cubanos, pues en los años sesenta el racismo era muy obvio en Miami. No sé si me vieron cara de "buena gente" o sino había aplicado nadie, el caso fue que me dieron el *job* para empezar inmediatamente.

El trabajo consistía en ir a buscar la tripulación al avión que llegaba de dos a tres de la mañana, aproximadamente, pero para que uno no se quedara dormido en su casa o llegara tarde, exigían que estuviera presente a las doce de la noche, para dormir en la oficina, en un banco de madera que parecía de cemento, y permitían, como gran cosa, que llevaras tu almohadita.

De acuerdo a la hora que llegara el avión, eras despertado por el personal nocturno una media hora antes, para que estuvieras claro, y muy generosamente, te ofrecían una taza de café americano, al que siempre he odiado. Traía la tripulación del avión a la oficina y media hora más tarde llevaba la nueva tripulación al avión. Era una guagüita de doce pasajeros, bastante comodita, y manejarla era preferible a seguir durmiendo en el banco, así que rezaba para que el avión llegara temprano.

Recuerdo que de uno de esos viajecitos surgió una conversación entre la tripulación sobre los cubanos, y una de las azafatas empezó a decir pestes de nosotros: "Que no sé lo que se han creído. Que gritan en los restaurantes. Que se niegan a hablar inglés. Que son unos groseros, etc., etc.". Supuse que ella sabía que yo era cubano, pero lo que no sabía era que yo había entendido todo, gracias al inglés del libro de Sorzano Jorrín que me enseñaron en La Salle, reforzado con mis años en Canadá.

Yo, que era bastante zoquetico, estuve a punto de parar la guagua y bajarme con la llave y mandarla para el carajo en inglés, lo cual es muy difícil, así que conté hasta diez, respiré profundo y preferí la humillación a quedarme de nuevo sin trabajo. Fue una gran enseñanza, pues a través de los años en alguna ocasión me pasaría lo mismo.

CAPÍTULO II

Y CUBA... ¿QUÉ?

Nuestra primera navidad, en 1960, nos comimos nuestro primer lechoncito en el exilio, y por primera vez, desde mi llegada en agosto 13, empezamos a pensar en Cuba y qué tiempo íbamos a estar sin verla. El exilio produce un dolor distinto, no es físico, aunque te pueden dar mareos, insomnio, neurastenia, etc., pero lo que te duele es el alma, y ese dolor no te lo quita nada, a no ser que volvamos algún día a verla libre y soberana.

Había optimismo en el ambiente y ya se hablaba que los americanos no nos iban a abandonar, no por nosotros, sino por el peligro que representaba para ellos mismos el sistema comunista implantado en medio del Caribe, se sabía de la existencia de los campamentos en Guatemala y te encontrabas con el clásico alardoso que te decía: "Yo sí que me tiro en cualquier momento, o si no, me voy para los campamentos". Bueno, pues ni se tiró, ni se fue para ningún lado; es más, de miles de cubanos solteros y sin compromiso, sólo alrededor de mil lo hicieron, y algunos casados.

Era un grupo de valientes de todas las clases sociales y había cantidad de los que llamaban "niños fiftos" de sociedad, del Habana Yacht Club y del Vedado Tennis. En mi caso, aunque lo pensé, pero no podía abandonar a mi familia, ganando $300.00 dólares al mes manejando un taxi, así que primero mi familia y después la Patria. Eran las circunstancias.

Sin embargo, algo se podía hacer desde Miami. Fue entonces que decidí inscribirme en la Marina del Frente Revolucionario Democrático, que estaba subvencionado con dinero de la CIA. Las oficinas de reclutamiento estaban situadas en la 17 avenida, cerca de la calle 8 del S.W. Parece que estaban reclutando para en un futuro formar una tripulación que formara parte de la invasión.

Pasaban los meses y no me llamaban, eso sí, religiosamente me pagaban $300.00 dólares, que me venían *de película*, pues con el taxi y el dinero de la CIA rompí lo que en aquella época llamaban *la barrera del sonido*, o sea, ganar más de $400.00 dólares al mes.

Las elecciones presidenciales las había ganado John F. Kennedy. Recuerdo el famoso debate en televisión celebrado en Miami, cuando Richard Nixon, enfermo y demacrado, se enfrentó a un joven bien parecido (Kennedy), que además era católico y parecía ser nuestra esperanza. El tema principal del debate era Cuba. Kennedy arremetió contra Nixon, que era en ese momento el vicepresidente en la administración de Eisenhower, acusándolos de inactividad con respecto al peligro que representaba Cuba comunista en tan estratégica posición geográfica.

Nixon estuvo muy parco al respecto, pues no podía decir nada de los planes ya en marcha de Eisenhower de tumbar a Castro, ni de los campamentos de Guatemala, etc., pues supuestamente eran asuntos confidenciales manejados por la CIA.

En mi opinión, la derrota de Nixon fue nuestra primera mala suerte que nos deparó el destino, entre otras muchas que han ocurrido a través de los años. Lo que no hubiera ocurrido seguramente, fue el fracaso de la invasión de Bahía de cochinos, plan de Eisenhower que Nixon tendría que llevar a cabo inexorablemente, si era electo, y sin tener en cuenta las consecuencias políticas e internacionales.

En enero de 1961 toma posesión Kennedy de la presidencia del país. ¿Y los cubanos? Encantados con el nuevo presidente católico y con su libro "Profiles of Courage", publicado antes de las elecciones y que le dio una imagen falsa de hombre valiente y decidido.

Pasaba el tiempo y no me llamaban. Yo seguía cobrando mis trescientos dólares y ya me estaba dando complejo de "botellero", hasta que un día nos encontramos Sylvia y yo con Margarita y Kikio Llansó, paseando por Lincoln Road, de moda en esos tiempos. Empezamos a conversar y le cuento a Kikio mi problema con la Marina del Frente (hasta ese momento yo ignoraba que él hacía meses que estaba realizando viajes a Cuba, entregando armas e infiltrando personal, con un grupo del MRR, entre los que se encontraban Bebo Acosta, Luis Bueno, Armando Roces, Miguel Olmo, José Enrique Dauzá, y muchos otros que no conocí.

Kikio me dice:

—Mira, la Marina del Frente es un *show* más de la CIA, quizás más adelante, pero por el momento no van a hacer nada, así que si tú quieres yo te presento a nuestro jefe, Santiago Babún, que está reclutando una tripulación para un nuevo barco que ha comprado de su peculio personal, pues necesitábamos uno más grande para poder llevar más armas.*

Me presenté a las órdenes de Babúm, y cuando me preguntaron qué sabía hacer en un barco, recordé que había sido timonel de remos y simplemente les dije que yo tenía experiencia como timonel de barco de recreo en Cuba, y parece que los tupí y fui nombrado timonel del PT MRR. Sin nombre y todo pintado de negro, lo bauticé "El Fantasma", era un PT similar al que capitaneaba Kennedy en el Pacífico, pero la gran diferencia era que El Fantasma no usaba gasolina, sino petróleo, y era tremendo tortugón, pues hacía solamente doce a catorce millas por hora.

Para manejar el PT yo solo usaba el timón, pues al arrancar el motor, acelerar y dar marcha atrás, le daba gritos a los maquinistas que estaban abajo, esperando mis órdenes, además, el barco se veía muy desvencijado y viejo, y, como descubriríamos después, la CIA nos estaba embarcando prácticamente en una nave suicida, para quizás llegar pero no volver.

La travesía

Nuestro barco "Fantasma" estaba estacionado en Miami Beach, en el muelle de una lujosa casa frente a Biscayne Bay. Allí vivía una familia, y el padre, al cual conocíamos solamente por Joe. Era obvio que éste era un agente de la CIA, encargado de organizar y pertrechar el barco de municiones, ametralladoras BAR y explosivos plásticos.

En casa de Joe nos reuníamos desde las 9:00 a/m a pintar el barco, rasparlo y volver a rasparlo y hacer algunos ejerci-

---

*A Kikio, mi gran amigo (EPD) se le reconocen más de 40 incursiones a Cuba en un barco de unos 40 pies, así que Babún decidió comprar un PT de 75 pies con el objetivo de ahorrar el número de viajes y cargar más material bélico.

cios calisténicos para mantenernos activos durante la mañana. Esto duró como dos semanas, hasta que finalmente los mecánicos lograron arreglar el motor del PT y estábamos listos para navegar por la bahía por primera vez.

La tripulación consistía de siete marineros, un capitán español de apellido Villa, hombre de confianza de Babún, pues había capitaneado barcos mercantes de su línea de barcos y era muy buen navegante, dos maquinistas encargados del funcionamiento y arreglos de los motores diesel, un telegrafista, para mantener contacto con los guardacostas americanos. El jefe del grupo era Luis Bueno, el único que sabía el lugar escogido para desembarcar las armas, un timonel y dos marineros más, encargados del trasbordo del armamento, usando una balsa que por medio de una soga sería halada del barco a tierra y de tierra al barco.

Recuerdo el único día que practicamos navegar en la bahía de Biscayne estando yo al timón, gracias a Dios que el PT tenía la proa hacia la salida del canal; como no tenía controles para arrancar el motor, tuve que darle un grito al maquinista: "¡Okey, dale despacito! Okey, media máquina y después dale con todo. (El Fantasma navegaba lento pero seguro, aunque con bastante vibración. La práctica fue un éxito y todos felicitamos a los maquinistas por el milagro de arrancar semejante vejestorio).

El regreso a la casa de Joe se hacía más difícil sin poder manejar los controles, y a base de gritos logré arribar a nuestro muelle, no sin antes chocar contra un gajo de un árbol que sobresalía del muelle. Le eché la culpa a los maquinistas y fui perdonado, pues era muy tarde para conseguir otro timonel que estuviera dispuesto a meterse en semejante aventura en ese cacharro de barco.

Por fin llegó nuestro día. Teníamos El Fantasma pertrechado de armas y plásticos y estaba listo para salir de casa de Joe a nuestra base en Cayo Marathón. El barco, que era lento, llegaría al día siguiente por la mañana, donde sería revisado de nuevo por los mecánicos para poder salir hacia Cuba, a las 10:00 a/m.

Así fue que, aproximadamente a las 10:00 a/m, de un día de febrero de 1960, navegamos hacia nuestro destino, felices y contentos de poder cumplir con nuestro deber, y poner nuestro grano de arena en el gran empeño de liberar nuestra Patria.

La tripulación era veterana en realizar incursiones a Cuba, el único *rooky* era yo, y estaba muy excitado con la idea de ver a mi Patria de nuevo, y orgulloso de nuestra misión de entregar armas a la resistencia en la isla. Supuestamente nos iban a entrenar en disparar las ametralladoras BAR, en alta mar, lo cual se hizo imposible por el estado del tiempo, pues nos encontramos con un clásico Norte, y El Fantasma se montaba en una ola enorme y después desaparecía en un vacío, hasta que la próxima ola nos empujaba hacia nuestro destino. Mientras tanto, sentíamos los bandazos a babor y estribor, y el PT recibía el fuerte castigo de las olas, que a medida que nos incursionábamos en el golfo, crecían de tamaño.

Parecía como si nadie, incluso los oficiales de la CIA, hubiese chequeado el estado del tiempo, y las consecuencias de un naufragio en el golfo. Bueno, ya era muy tarde para pensar de una forma negativa. La operación va a ser un éxito y eso es lo importante –pensaba yo-, así que hay que aguantar el mal tiempo y agarrar bien el timón para no hacer el papelazo de caerme por la borda.

Navegábamos toda la mañana y toda la tarde, ya que el objetivo era llegar al anochecer, como a las siete y media de la noche u ocho, burlando la posible vigilancia de los castristas. Como a las seis de la tarde ya se veía claramente la costa de Cuba. Yo, que no tenía la menor idea de dónde estábamos, y había timoneado de acuerdo a una brújula siguiendo las instrucciones del capitán Villa, reconocí los farallones que se encuentran cerca de Varadero, porque allí había estado, junto con mi amigo José Ángel Valls, haciendo caza submarina, feliz y contento, en el tiempo de la llamada dictadura.

Oscureciendo, nos íbamos acercando más a la costa, y ya de noche navegábamos paralelamente a ésta, a no más de cien metros de distancia. Aunque nunca nos dijeron el punto de entrega de las armas, supuse que nos dirigíamos hacia el río Canímar. El mar, implacable, cuando nos acercamos a un lugar de la costa, que estaba muy iluminada con faroles muy brillantes. No sabíamos si era una nueva playa o un muelle; de todas formas pasamos muy cerca, y al parecer, inadvertidamente.

Nuestro jefe, Luis Bueno, con gran experiencia en ese tipo de misiones, al sobrepasar la costa iluminada, mandó a parar el PT y con una linterna comenzó a hacer señales hacia tierra que al poco rato fueron respondidas. Ya nos estaban esperando –pensé–, cuando Luis dijo: "Esto no me gusta, no es la señal que yo esperaba". Decidió repetir sus señales y esperamos ansiosamente la respuesta. La respuesta llegó, pero no en la forma que pensábamos. Se apagaron los faroles y comenzaron los tiros de ametralladora. Yo nunca había oído el silbido de las balas pasando, y créanme que es un ruido nada agradable. Mi reacción –y creo que la de la mayoría de la tripulación-, fue de tirarnos para la cubierta del barco a protegernos del tiroteo. Fue en ese momento que el capitán Villa, en un gesto valeroso, pero equivocado, agarró un BAR y comenzó a disparar hacia la costa diciendo: "¡Ahí va eso, hijos de puta!

Las luces de los disparos que hacía Villa nos delataron más, y los silbidos eran mucho más cercanos, y en medio de esa mezcla de confusión y pánico, ya que todos estábamos conscientes de la cantidad de explosivos que cargaba El Fantasma, y cualquier impacto de bala nos iba a explotar como el *Krakatoa,* alguien gritó: ¡Proa al norte, coño!

Ese grito nos sacudió. Nos paramos, y cada uno tomó su posición, y con las balas silbando pusimos proa a Marathón aproximadamente a las doce horas de haber salido. Tuvimos la inmensa suerte que los fidelistas no tenían en aquel momento ninguna lancha ni guardacostas para perseguirnos, pues fácilmente hubieran alcanzado al tortugón de El Fantasma.

Estuvimos toda la noche navegando de vuelta, dando los mismos bandazos y mirando las luces de los barcos que paseaban por el golfo, pensando que en cualquier momento se iban a dirigir a nosotros; y con veinticuatro horas sin dormir, pegados a un timón, llegamos a Marathón aproximadamente a la misma hora que habíamos salido el día anterior.

Al comenzar a descargar todo el material bélico del PT, herido por los bandazos del mar o por los disparos, comenzó a hundirse rápidamente, hasta que tocó fondo. Gracias al Ángel de la guarda, encargado de asuntos cubanos, no nos hundimos en la travesía.

La operación había sido un fracaso, pero yo sentí por primera vez desde que salí de Cuba, una satisfacción personal: Había hecho algo. Podía dormir tranquilo. Sin embargo, sentí una gran preocupación: Si en ese barco de mierda nos mandó la CIA a Cuba, ¿qué es lo que nos espera cuando venga el momento de la prometida invasión...?

PC 2506-MRR

Hasta febrero de 1961, la Marina del MRR, dirigida por Santiago Babún, había realizado numerosas incursiones a Cuba, infiltrando armas, municiones y personal. Por otro lado, otro grupo supervisado también por la CIA y dirigido por Cecil Goudie, realizaba semejantes actividades anticastristas en los cayos de la costa norte de Cuba.

A finales de marzo de ese mismo año, Babún, en combinación con el frente Revolucionario Democrático, adquieren un barco de guerra del Navy Surplus, un PC de 173 pies de largo, con un desplazamiento de 350 toneladas y una artillería de 6-20 milímetros AA, con el objetivo de que formara parte de la invasión a Cuba que se planeaba para el próximo mes de abril.

El ex PC Glenwood fue trasladado del río Miami a un muelle en la bahía Biscayne. La tripulación, constituida por 51 hombres, fue seleccionada del grupo de Babún y otros elementos del FRD. Recibimos órdenes de incorporarnos al barco diariamente a trabajar, pues estaba en bastante malas condiciones de apariencia, por lo cual a los marineros rasos como Pepito Caracol, Rosendo Collazo, Julito Blanco Herrera, Jorge Echarte y yo, nos pusieron todo el día a reparar y pintar la cubierta. A la hora de almuerzo nos daban una cantinita que consistía en una media noche y una Coca Cola. Estábamos felices y dispuestos a contribuir, en cierta forma, al éxito de la invasión.

El primer error de incorporar un barco armado a los planes de la invasión, fue el haber seleccionado el muelle de la bahía Biscayne para los arreglos que necesitaba el PC. No pasaron dos días de estar el barco en el muelle cuando empezaron a llegar compatriotas curiosos por el acontecimiento, y muchos que querían formar parte de la tripulación y se reunían en el muelle, al cual tenían acceso, creando un ambiente de un *boat show*. Naturalmente, hasta el gato, en Miami sabía que un barco se estaba preparando para la invasión. Entonces, para mi sorpresa, fue que vi a Carlos Prío Socarrás, nuestro expresidente, el cual me imagino había contribuido en alguna forma a la compra del PC, llegar al barco a visitarlo, y claro, retratarse en cubierta.

El día 10 de abril fuimos oficialmente movilizados al PC; nos dieron un carnet de FRD y otro del MRR, los dos con fecha 10 de abril y nuestro uniforme, que consistía en dos pantalones kaki, dos camisas, un jacket, y unos zapatos de marinero abotinados, todo adquirido en un *Army & Navy Store*.

Esa noche dormimos en el barco, ya que el plan era zarpar al día siguiente. Me despedí de mi familia con la creencia firme que nos reuniríamos en Cuba, y que nuestro esfuerzo iba a ser respaldado por la CIA y la administración Kennedy. El día anterior (9 de abril) el PC salió retratado en la primera plana del Miami Herald.

Después del desayuno, oficiales de la Marina de Guerra de los Estados Unidos, aparecieron en la cubierta del PC con la orden de desarmarlo. Estaba prohibido comprar "*Navy Surplus*" armados, lo cual parece se había realizado mediante un plan secreto con la CIA.

Usando unos sopletes, fueron quemando una a una las ametralladoras y cañones del PC, dejándolo completamente inutilizado a la vista de nuestro capitán René Cancio y toda la tripulación, que mirábamos aquello con asombro e indignación, aunque nos decían que la operación continuaría y que la Marina de Guerra americana no le había quedado otro remedio que aplicar la ley, pero que cuando lleváramos el PC a Maratón nos iban a entregar nuevas armas. La impresión general fue que la CIA suspendió la operación por la publicidad del Miami Herald.

Esa misma tarde nos fue notificado que teníamos que abandonar el barco, y los 51 miembros de la tripulación nos convertimos en unos brigadistas frustrados; aunque después del fracaso de la Invasión de Bahía de Cochinos, unos días después nos dimos cuenta que el PC 2506-MRR, el único barco de guerra que formaba parte de los planes, hubiera sido blanco fácil de la aviación castrista, al fallar inexplicablemente el apoyo aéreo norteamericano.

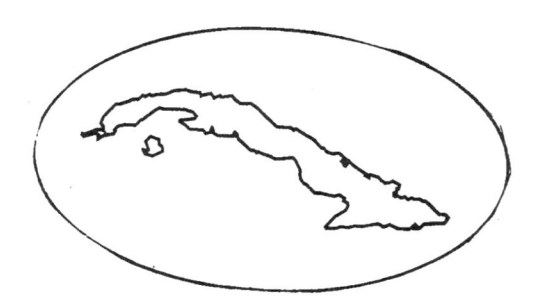

PERSONAL DE GRUPOS ESPECIALES
PC 2506-"MRR"
-Tripulación-

René Cancio
Rodolfo Sibles
Esteban M. Beruvides
Ángel Bolaños
Guillermo Losa
Enrique Llansó
Rolando Martínez
Domingo Robaina
Mario Pérez Chile
Miguel Olmo
José F. Caragol
Antonio Ginard
Luis Granda
Juan Amador Rodríguez
Roberto de Varona
Eduardo Sanpedro
Julio Blanco Herrera

Orlando Acosta
Luis Bueno
Ricardo L. Casanova
Rosendo Collazo
Román Contino
Francisco Cruz
Carlos García Ordóñez
Guillermo Guin
Manuel Grande
José R. Herrera
Electo Ardí
Emilio Mario Izquierdo
Pedro López
Leocadio León
Salvador Fausto Mariño
José M. Menéndez
Oscar Moreno

Armando Montes
Néstor Montero
Jacinto Miranda
Fernando Murias
Maximino Orta
Miguel P. Olmo
Joaquín Pérez Céspedes
Pedro P. Pérez Facundo
Nilo Robaina
Aníbal Ruiz
Diego Ruiz
Antonio Ruiz Castro
Armando Roces
Roberto Ros
Mario Rivero
Carlos Ramos
Manuel Rodríguez
Jorge Echarte

EX-PC 1140 "GLENWOOD"	PC 2506 "MRR"
Desplazamiento: 350 tons. (450 tons. Plena Carga)	Miami River Abril 1961
Dimensiones: Eslora 173' x Manga 23' x Calado 7'06"	
Artillería: 6 – 20 mm. AA.	Tripulación: 51
Propulsión: 2 Motores Diesel de 1,800 HP	Propelas 2 de 3 aspas
Velocidad: 22 Knots (Máxima), 12 (Stan)	Autonomía 3,500 m/n

BRIGADA DE ASALTO 2506
ASOCIACION DE VETERANOS DE BAHIA DE COCHINOS

P.O. BOX 350553
RIVERSIDE STA.
MIAMI, FLA. 33135

Abril 7, 1995

Sr. Carlos Garcia Ordonez
11870 SW 97 Terrace
Miami, Florida 33186

Estimado brigadista:

Nos es grato comunicarle que usted es considerado como miembro de la Asociación de Veteranos de Bahía de Cochinos (Brigada 2506) por haber pertenecido a la Marina y haber sido movilizado el 10 de abril de 1961 con el objeto de participar en la invasión de Bahía de Cochinos.

Por todo lo anterior y por aparecer en la lista de los miembros de la Brigada, nos complacemos en darle la bienvenida a esta su Asociación.

Atentamente,

José Miró Torra
Presidente

JMT:ep

Asociación de Veteranos de Bahía de Cochinos
Brigada 2506
Reserva Naval - "PCE "2506 MRR Francisca"

Nave no pudo participar en acción por ser arrestado y confiscado por las autoridades americanas por orden del Departamento de Estado en el puerto de Miami el día 19 de abril del 1961. Tripulación desmobilizada en mayo '61 & Dotación 17 de Abril de 1961

Certificado

Al Sr. Carlos García Ordoñez

en reconocimiento por su participación en la Invasión de Bahía de Cochinos el 17 de abril, 1961

Se expide este Certificado en Miami, a los 20 días del mes de mayo del 2007

Juan E. Pérez - Franco
Presidente

José Febles
Director Organización

Esteban Bovo-Caras
Secretario

CAPÍTULO III

LA INVASIÓN

El día 11 de abril de 1961, los 51 tripulantes del PC 2506-MRR, fuimos notificados que el barco había sido confiscado por la Marina de Guerra de los Estados Unidos, y consecuentemente nos dieron órdenes de abandonarlo inmediatamente. En Miami ya se corrían rumores de que la Invasión era inminente y que en cuestión de días recibiríamos la noticia del esperado acontecimiento. Con el apoyo del gobierno americano el éxito estaba asegurado. Así creíamos la mayoría de los exiliados.

Faltaban pocos días para la esperada Invasión, y el exilio, lleno de esperanza. "Ahora sí que se acabó Fidel y su camarilla de comunistas" –comentaba la gente en el "Versailles" tomando café-. "Yo lo sabía" –decía otro-, los americanos no pueden permitir una fortaleza comunista a sólo noventa millas de sus costas".

Había una gran tensión en Miami sobre lo que iba a ocurrir en cualquier momento, y sobre todo mucha guapería. "Lo que hay que hacer es tirarse, porque a mí hay que matarme, pues ya estoy aburrido de comer hamgurger y no puedo más con la factoría" "Los americanos son la candela, y le van a caer a Fidel con todos los hierros, sino no se metieran en esa aventura, y yo le digo que no me fui para Guatemala porque tengo la vieja enferma".

Mientras los *"guapos"* de Miami alardeaban, en Guatemala un grupo de valientes se preparaban para cumplir con su deber patriótico, y en pocos días estarían desembarcando en la Isla para combatir al régimen comunista que nos había arrebatado nuestra Patria. Yo me preguntaba: Si en Miami lo sabe todo el mundo, ¿cómo no lo va a saber Fidel? Fue una invasión telegrafiada.

Por la inminencia de la invasión, Castro atacó duramente a la resistencia. La policía, al mando de Almejeiras, hizo una redada de gusanos (o sea, todo el que oliera a contrarrevolucionario, o todo aquel que remotamente fuera sospechoso de no simpatizar con el régimen, lo mismo un cura que un obrero, fuera mujer u hombre, o cualquier bicho viviente, fue apresado y llevado al Teatro Blanquita, o a La Cabaña, o al Castillo del Príncipe).

En el grupo del Teatro Blanquita se encontraba mi padre, el Dr. José Antonio García Ordóñez, prestigioso abogado, que había ejercido su profesión con mucho éxito en Cuba, y que fue jefe del Negociado de Asuntos Legales del Ministerio de Justicia por más de treinta años. Mi padre tendría entonces sesenta y cuatro años, y era de los que no se resignaban a salir de Cuba, a pesar de todos los problemas y vicisitudes e inconveniencias físicas, pero no se daba cuenta de la realidad de la situación y estoicamente esperaba el fin del régimen que lo oprimía.

El Bufete García Ordóñez estaba situado en el edificio Bacardí, en el cuarto piso, y ya no era más que un recuerdo de otros tiempos felices, cuando sus dos hijos abogados, Raúl y Carlos, trabajaban junto a él y bajo su dirección. Los dos despachos vacíos acrecentaban su tristeza, pues se sentía abandonado. Todo lo que él había creado con su esfuerzo se había desmoronado súbitamente; su carrera de abogado, su familia, su vida social, sus amigos... ¡Todo se había esfumado! No era una pesadilla, era una realidad.

Después del fracaso de la Invasión de la Bahía de Cochinos, soltaron a mi padre junto con los otros detenidos, después de dos semanas de inconveniencias físicas y de incertidumbre sobre los acontecimientos ocurridos. Salieron de la cárcel pequeña del Teatro Blanquita a la gran cárcel de la Isla de Cuba.

Años más tarde, mi padre y mi madre, Gloria Montalvo Saladrigas, lograron salir al exilio en Miami, donde vivieron en un apartamento del gobierno y subvencionados por sus tres hijos, donde nunca se quejaron de su suerte y se resignaron a no ver a su Patria nunca más, y ese es el motivo principal del odio que siento contra Fidel Castro y su banda de facinerosos.

En la madrugada del 17 de abril de 1961, seis batallones compuestos por doscientos hombres cada uno, desembarcaron en Bahía de Cochinos en la Ciénaga de Zapata, en un gesto heroico no imitado en cuarenta años de exilio. La Brigada estaba compuesta principalmente por la clase media y alta de Cuba, aunque había unos doscientos hombres de la clase trabajadora, cincuenta de la raza negra, y unos cuántos mulatos. La mayoría eran católicos, y entre ellos tres curas. Los invasores portaban en sus hombros un escudo con el número 2506, una cruz y una bandera cubana

El manifiesto del padre Lugo proclamaba:

> "Venimos en el nombre de Dios, la Justicia y la Democracia. No venimos a sembrar el odio sino el

amor. La Brigada está compuesta en su totalidad por católicos y cristianos. Nuestra fuerza militar es invencible, y todavía más grande es nuestra fuerza moral, y pedimos a Dios que nos proteja y nos ayude. Yo los abrazo en el nombre del ejército libertador. Pronto estarán unidos familias, amigos y parientes. Tengan fe en nuestra victoria, porque Dios está con nosotros y la virgen de la Caridad no puede abandonar a sus hijos. ¡Viva Cuba libre! ¡Viva Cristo Rey!

Los invasores fueron los cruzados de la época moderna.

El fracaso de la invasión fue conocido en Miami el día 19 de abril de 1961, causando gran pesar y desaliento en el exilio. Es conocido que el principal culpable de ese desastre fue el propio presidente Kennedy, por su indecisión de usar la cobertura aérea prometida, y sobre todo, por miedo a las consecuencias que podían resultar de una reacción de Khrushev de atacar a Berlín. Esto fue comunicado en una última reunión del presidente americano con el FRD.

En Bahía de Cochinos desembarcaron 1,297 héroes, de los cuales 1,180 fueron capturados y enviados a la Habana como prisioneros. La Brigada perdió 80 hombres en la batalla y alrededor de 40 más en el desembarco, y 9 murieron asfixiados en una rastra por falta de oxígeno.

Se estima que los comunistas perdieron 1,250 hombres, de los cuales otros 400 murieron después de las heridas, y hubo 2,000 heridos, lo cual no deja dudas de que los invasores pelearon con fuerza y valentía.

Mucho se ha escrito sobre los motivos del desastre de Bahía de Cochinos. Yo, simplemente me refiero a las conclusiones y recomendaciones del inspector general de la CIA sobre la operación cubana, contenida en el reporte secreto de la Invasión, recientemente desclasificado:

1.- La CIA, después de ayudar y fomentar una resistencia urbana y una fuerza de guerrillas dentro de Cuba, drásticamente cambió lo que era un plan secreto a una invasión militar públicamente conocida. La Agencia dejó de reconocer que cuando el proyecto se hizo público su responsabilidad terminaba, así como su eficiencia para manejar una operación militar.

2.- La Agencia se involucró completamente en una operación militar, por lo que nunca consideró los posibles factores reales de un posible fracaso.

3.- A medida que el proyecto se desarrollaba, la Agencia redujo la participación de los líderes del exilio (El Frente Revolucionario Democrático), a prácticamente unas marionetas, perdiendo la ventaja que hubiera tenido una participación más activa de ellos.

4.- La Agencia falló al no desarrollar y suministrar ayuda bélica a una resistencia dentro de Cuba, ya que sus operaciones de abastecimientos por mar y aire fueron insuficientes.

5.- La Agencia no obtuvo suficiente información sobre la capacidad militar del régimen castrista y de la fuerza de la oposición en Cuba en esos momentos.

6.- El proyecto estuvo muy mal organizado. Las líneas de mando y controles de organización no estaban bien definidos. El *senior staff* de la Agencia se mantuvo distante de los detalles organizativos y la cobertura aérea se mantuvo separada, e independientemente del proyecto, no era controlada por la Agencia.

7.- El proyecto no fue manejado por los mejores hombres de la Agencia, y alguno de ellos no fueron utilizados correctamente.

8.- La Agencia careció de la más elemental organización al carecer de barcos, facilidades de entrenamiento de agentes de inteligencia dentro de Cuba, personaje de habla española que hubiesen sido necesarios para el éxito de la operación.

9.-La política a seguir y los planes de operación nunca fueron bien definidos, simplemente se referían a la operación de desembarque, pero no contemplaban planes opcionales para su posible fracaso.

Es necesario señalar, que además de todos esos factores que contribuyeron al fracaso de la invasión, uno de los principales fue la selección del lugar de desembarque, ya que la inhóspita y fangosa costa de la Bahía de Cochinos en la Ciénaga de Zapata, se convirtió en una verdadera trampa sin salida, pues los invasores, después de su esfuerzo heroico, sin abastecimientos y superados numéricamente, no tenían lugar donde replegarse a continuar la lucha, como hubiera ocurrido si se hubiese desembarcado en Trinidad, como originalmente se planeó.

La rastra de la muerte.

Uno de los crímenes más inhumanos que se cometieron en Cuba por el régimen castrista, aparte de los conocidos fusilamientos, fue la muerte por asfixia de ocho cubanos invasores, como resultado del encerramiento de los prisioneros en un camión rastra herméticamente cerrado, que los transportó desde Playa Girón a la Ciudad Deportiva de la Habana, el domingo 23 de abril de 1961.

¿Quién mejor para narrar este evento, que mi amigo Rafael (Tito) de los Reyes, conocido atleta vedadista, que se destacó como remero y futbolista, quien fue el primer hombre introducido en la llamada "rastra de la muerte"?

Tito me cuenta en entrevista grabada en el restaurant La Hacienda, el 5 de agosto de 1999 (sin alteración):

"Yo fui el primero que entré en la rastra. Serían las doce o doce y cuarta de la tarde y me paré contra la otra puerta del medio, que estaba cerrada. Empecé a ver las amistades de uno entrar; después de unos cuarenta minutos ya la rastra estaba repleta. Estábamos como sardinas en lata. Yo calculo que habrán metido unos 170 0 180 hombres (no sé exactamente, voy a tratar de averiguar ese dato), en la rastra, empujándolos como ganado para que cupieran los más posible".

"Como a la una de la tarde, cerraron la puerta y ya inclusive antes de cerrar la puerta, la gente que estaba en los dos extremos, se estaban quejando de que no podían respirar y gritaban: "¡No cierren la puerta!". Bueno, el caso es que la cerraron y la rastra no arrancó hasta quince o veinte minutos más tarde. Ya estábamos prácticamente calcinados, todos parados bajo el solazo ese. Ya, por supuesto, la gente estaba gritando desesperada, pues no se podía respirar".

—¿Cuánto habían penetrado ustedes en la batalla cuando los agarran y los meten en la rastra?

—En ese momento nosotros estábamos en Playa Girón. La guerra dura tres días: lunes, martes y miércoles. El miércoles por la tarde es cuando nos dan la orden de "sálvese quien pueda, aquí no hay más nada que hacer", y entonces, a pensar para dónde agarramos, ya que no podíamos nadar para Miami. A mí personalmente, no me agarran hasta el viernes, con dos o tres de mis compañeros, como al mediodía, y nos llevan otra vez a Playa Girón, y allí nos meten en unas casitas, acuérdate que había como un Resourse y estaban en construcción las habitaciones del hotel, que eran unas casitas. En una de ellas me meten con ocho o nueve compañeros, entre ellos, en la casita que yo estaba ahí también, estaba Calviño, que lo fusilaron después, que yo no tenía ni la menor idea de quién era él, pero estaba ahí.

Dormimos allí toda la noche del viernes 21, y la del sábado. Si mal no recuerdo, el domingo 23 es que nos meten en la rastra. Como a la una de la tarde cerraron las puertas y esas puertas no se volvieron a abrir como hasta las tres de la mañana. O sea, a la madrugada del lunes.

Y la travesía, ya te lo puedes imaginar, esa fue la cosa más espantosa. Para mí fue la experiencia más desagradable que yo he vivido, imagínate, 180 hombres gritando, llorando, arrancándose la piel por la desesperación. Imagínate un baño de vapor diez minutos, que tú sales, te das una ducha y vuelves a entrar; este fue un baño de vapor de trece horas, y cuando llegamos a nuestro destino, nosotros no sabíamos para dónde íbamos. Yo recuerdo que cuando llegamos a la Ciudad Deportiva, que está en frente del bidet de Paulina, empezó la gente a gritar más que nunca, y el llanto, y los milicianos nos gritaban de afuera: "¡Hasta que no se callen no vamos a abrir la puerta!" – Volvieron a arrancar la rastra alrededor del bidet de Paulina entrando en la Ciudad Deportiva, eso nos lo hicieron, Churry, como tres veces.

Al fin, en una de esas vueltas, paran la rastra y en unos quince o veinte minuto abren la puerta, ya habíamos llegado, ya sabíamos que había muertos, pero estábamos a oscuras y solamente te dabas cuenta del que estaba al lado tuyo y entonces en los extremos se oía: "Aquí hay uno muerto". "Aquí hay uno que no habla". "Aquí hay uno que no se mueve". Imagínate la confusión de ciento y pico de hombres, todos desesperados por salir.

Yo, al igual que fui el primero al entrar, cuando abren la puerta la abren justo a mis espaldas, y me recuerdo que me da ese aire de la madrugada; me recuerdo que al cabo de la hora yo estaba ya sin voz y estuve como tres o cuatro días con dolor de garganta, así que imagínate el cambio de temperatura; después de un baño de vapor de trece horas, ¡cómo estaría uno! No el estado físico, también el estado emocional, el estado sicológico. Gracias a Dios, yo siempre me he caracterizado por tener un carácter muy fuerte, es una de las cosas que siempre me ha ayudado. Me ayudó no solamente en esta travesía, sino que estábamos convencidos que nos lo estaban haciendo a propósito, para matarnos, ya que yo llegué a pensar que nos iban a tirar por un puente para abajo.

Osmani Cienfuegos era el que estaba al frente de eso. Osmani Cienfuegos, ese hijo de puta, que se han dicho tantas cosas de él. ¿Ese vive?

—Ese vive, y está en Cuba. ¿Ese fue el responsable de que los metieran en la rastra?

—Ese era el responsable por ser el jefe de la operación de transporte de los prisioneros.

—¿Y ustedes no saben los nombres de los individuos que manejaron la rastra?
—Bueno, no. Para nosotros el responsable es Osmani Cienfuegos. Bueno, al fin abren las puertas y había cantidad de milicianos esperándonos. Nosotros fuimos los primeros que llegamos a la Ciudad Deportiva, cuando llegamos allí eran como las tres de la mañana. Entramos todos los vivos en la Ciudad Deportiva, en lo que era la preferencia, a mano derecha de la puerta principal nos sentaron a todos nosotros, entonces pedí permiso para ir al baño; había mucha confusión y no había organización, y nosotros hacíamos lo que nos decían ellos.
—¿Te diste cuenta de lo que habían hecho con los muertos?
—No, no había oído nada, pero acuérdate que fui de los primeros que se bajan. Después que fui al baño, al regreso, antes de sentarme, me asomo al lobby y recuerdo haber visto en el piso como siete cadáveres. A la media hora de haber llegado nosotros, llegó Fidel Castro y se puso a hablar con nosotros, él mismo armó un show. "¿Qué es lo que ha pasado aquí? ¿De dónde salieron estos muertos?" –y entonces se le explicó. Entonces alardeó: "¿Cómo es posible? ¿Quién es el responsable de la rastra esta?" "El comandante Osmani Cienfuegos" –alguien le dijo. Fidel estaba muy disgustado, pues no le convenía crear víctimas y era contrario a los planes que tenía con nosotros.
—¿Eso fue delante de ustedes?
—Eso fue delante de nosotros.
—¿Y el resto de los prisioneros?
—Nosotros fuimos los primeros en llegar a Ciudad Deportiva.
—Y después ¿llegaron en rastras también?
—No, después llegaron en camiones y guaguas, no hubo nada más que una rastra. Nosotros estuvimos tres meses en la

Ciudad Deportiva, y ahí se hizo el show. Empezaron a llegar periodistas extranjeros...
—Ahí está Evelio Pous, de la Brigada. ¿Tú lo conoces? –me pregunta Tito.
—No, la verdad que no. Yo nada más conocía a un grupo pequeño del Vedado Tennis Club y del Habana Yatch Club, que respondió valientemente al llamado de la Patria, a pesar de que se les consideraba como niños "fiftos" en Cuba.

La entrevista se había terminado y Tito se levantó a darle un fuerte abrazo a Evelio Pous, su compañero de la Brigada. Vivieron tiempos juntos que nunca olvidarán, y pienso que el exilio tampoco los debe olvidar a ellos, ni a los muertos de la rastra:
José Ignacio Macía y del Monte
Alfredo Cervantes Lago
José S. Milián Velazco
Herminio B. quintana Perera
Ramón Alvarez Santos
Pedro Rojas Mir
Moisés Santana González
René Silva Soublette
José D. Villarello Tabares

Para Castro, la derrota de los invasores fue su gran triunfo. Después del fracaso de la Invasión vino la celebración, la exhibición de los prisioneros en la televisión; el anuncio del 1ro. de mayo durante el desfile del día del trabajador, de que Cuba era un país socialista y que no habría más elecciones.

El fracaso de la Invasión aseguró a Castro su lugar en la Historia, y fue el principio del desequilibrio económico y social de algunos países de Latinoamérica que hoy sufren del emplazamiento de las guerrillas comunistas en sus territorios, como México y Colombia.

"La revolución –afirmó Castro–, es la expresión directa de la voluntad del pueblo. No habría más elecciones cada cuatro años, pero sí una elección de todos los días. La revolución no le ha dado el voto a cada ciudadano, pero sí le ha dado un rifle. La Constitución de 1940 estaba muy vieja y anticuada".

Castro culpó, principalmente, al clero español, precisamente a aquellos que lo habían educado en el Colegio de Belén, y los expulsó de Cuba, como a casi todos los religiosos, incluyendo a los hermanos del Colegio La Salle. Todos los colegios privados fueron nacionalizados, las cárceles se llenaron de prisioneros políticos; y para el exilio, el fracaso de la Invasión fue un golpe terrible.

Nuestras esperanzas de regreso quedaron frustradas. El desaliento y la incertidumbre sobre el futuro se apoderaron de las mentes de todos los cubanos en Miami. Hasta ahora se había subsistido, de ahora en adelante el cuadro sería distinto, había que hacer mucho más, había que probarle al mundo entero de qué éramos capaces los cubanos en los momentos de gran crisis. Y eso, no hay duda que lo hicimos, y lo probamos.

En los momentos que escribo estas líneas, Miami es una ciudad prácticamente controlada y dirigida por los cubanos, con nuestros defectos y nuestras virtudes. ¡Quién lo iba a pensar en aquellos momentos terribles del fracaso de la Invasión de Bahía de Cochinos!

LA CRISIS DE LOS COHETES

Trato de recordar esos meses que transcurrieron entre los dos eventos principales que iban a sellar nuestro destino: La fracasada Invasión de Bahía de Cochinos, el 17 de abril de 1961, y la crisis de los cohetes, en octubre de 1962.

Fueron momentos de gran incertidumbre para los nuevos exiliados. ¿Qué nos hacíamos en este país, al cuál habíamos venido temporalmente? ¿Cómo era posible que hubiera fracasado la Invasión, a pesar del aparente apoyo del gobierno americano, planeada por la CIA y por el propio presidente Kennedy?

En los meses que siguieron a la humillación sufrida por el fracaso de la Invasión, el presidente Kennedy tenía demasiados problemas que tratar, para pensar en Cuba. El Congo, la Alianza para el Progreso, Laos, Vietnam, la cuestión racial, Berlín y el *meeting* con Krhuschev.

Cuba había sido suspendida de la OEA en enero de 1962, y Kennedy se sentía personalmente responsable por los prisioneros de la Brigada 2506. Estos hombres estaban confinados por su propia indecisión unos meses antes, y fue su primer desencanto con el poder presidencial. Los republicanos, por otro lado, no lo dejaban tranquilo con el problema de Cuba. Además, qué hacerse con los exiliados cubanos, cómo tratar el futuro de Cuba con el Frente Revolucionario

Democrático y con el ex primer ministro José Miró Cardona, su presidente.

Miró y Kennedy se reunieron varias veces el día 10 de abril de 1962. Miró salió impresionado con la idea de que Kennedy le prometió organizar una nueva fuerza combatiente. "Salí de la Casa Blanca con la seguridad de que Cuba sería liberada, con los cubanos a la vanguardia de la batalla" –expresó Miró. Pero Kennedy después dijo que Cuba sería libre en un futuro cercano.

Los rumores de un nuevo esfuerzo de liberar a Cuba, crearon un pánico en la Isla, y Raúl Castro fue enviado a la Unión Soviética, a buscar protección contra una posible nueva invasión. Esto inicia la gran ayuda militar que los soviéticos ofrecieron a Cuba, y eventualmente a la decisión de Krhuschev de enviar cohetes a la Isla.

Mientras todo eso ocurría, el cubano empezaba a darse cuenta de que el regreso a Cuba *"estaba en China"*, una manera de decir muy cubana que las probabilidades eran pocas. Lo que hasta el momento habían sido unas vacaciones dificultosas, se estaba convirtiendo en un exilio temporal, debido a nuestro increíble optimismo, por lo cual nunca renunciaremos al regreso a nuestra añorada Patria.

Era la época de los parqueadores, de los lecheros, los taxistas, de la tomatera y de la factoría, y cuanto puesto hubiera disponible, siendo ocupados por todo tipo de clase social y por profesionales como abogados, ingenieros, médicos, etc. Eso sí, hubo muy pocos que optaron por el refugio, pues el cubano tenía fama de irresponsable, pero vago no es.

En enero de 1962, a iniciativas de los Estados Unidos, Cuba es expulsada de la OEA en un reunión en Punta del Este, Uruguay, siendo México el único país que no aceptó esa decisión y mantuvo relaciones diplomáticas con Cuba a pesar de la presión de todos los países latinoamericanos y de los propios Estados Unidos.

A finales de enero, después de la suspensión de la OEA, Fidel Castro responde con uno de sus discursos más violentos que se recuerden de sus numerosos antiyankista, y que se conoce como La Segunda Declaración de la Habana, en el cual apela a los pueblos de Latinoamérica a que se levanten contra el imperialismo norteamericano. El modelo sería Cuba y su revolución, y el método, la guerra de guerrillas para alcanzar el triunfo.

El discurso es elogiado por China, que lo considera un manifiesto llamado a la revolución comunista en Latinoamérica, pero no fue popular en la Unión Soviética, que no consideraba que era el momento oportuno para semejante declaración.

En febrero 7 de 1962, Estados Unidos impone un embargo total al gobierno comunista de Cuba, el cual impera actualmente. Y en el mes de octubre de ese mismo año, comienza la famosa y muy discutida crisis de los cohetes (Missile Crisis).

Varios meses antes, Castro se puso muy nervioso por los rumores que corrían en Miami sobre una invasión norteamericana. Había fuertes indicios de que esto pudiera ocurrir, ya que la Marina de Guerra de los Estados Unidos había realizado una gran maniobra militar en aguas del Caribe, y el exilio había realizado también varias incursiones a Cuba comandadas por Alpha 66 y otros grupos dirigidos por la CIA.

Dadas las circunstancias, el primero de julio Fidel manda a su hermano Raúl a Moscú, para pedir una mayor protección para Cuba de la Unión Soviética. Como resultado de esa visita, Krhuschev acuerda enviar a Cuba una ayuda militar más fuerte, que incluía equipo moderno, un número de cohetes de corto alcance de tierra a aire defensivos, del tipo que habían enviado a Indonesia e Irak, además de cohetes de medio e intermedio alcance, con la capacidad de alcanzar a los Estados Unidos y otras áreas de Latinoamérica, con cabezas nucleares.

La indecisión de Kennedy, que resultó en el fracaso de la Invasión de Bahía de Cochinos, persuadió a Krhuschev de que el presidente, al cual había conocido unos meses antes en Viena y no le impresionó como un político fuerte, y como consecuencia, no iba a actuar en contra de los cohetes. Los soviéticos también pensaron que esta exhibición de fuerza en el medio del corazón de Estados Unidos, sería de gran influencia en Latinoamérica y además les daría ventajas sobre China.

La crisis que se estaba desarrollando tenía un tono dramático, porque la población del Hemisferio Norte estaba en peligro de ser extinguida.

En agosto 23 de 1962, McCohen, director de la CIA, le informaba al presidente Kennedy que, de acuerdo al reporte de los exiliados y las fotografías aéreas, él estimaba que la URSS estaba preparándose para colocar cohetes ofensivos en Cuba. Y efectivamente, los días 8 y 15 de septiembre, respectivamente, dos cargueros rusos arribaron a la Habana, el Omsk y el Poltava, que fueron construidos para cargar madera, con grandes compatimentos.

En cubierta aparecían unos camiones y debajo transportaban los cohetes de medio alcance. Estos fueron desembarcados de noche por la tripulación y trasladados a su lugar de emplazamiento entre el 9 y el 20 de septiembre. La suerte estaba echada.

En septiembre 13, Kennedy anunciaba que si Cuba recibía armamento ofensivo de la URSS, los Estados Unidos harían cualquier cosa que fuera necesaria en represalia. Cuba se había convertido en el principal tema en la campaña congresional y los republicanos atacaban al presidente por su indecisión y falta de acción.

Mrs. Claire Booth Luce, dueña de la revista LIFE, escribía: "Lo que está en juego es la decisión de invadir o no a Cuba, es una cuestión no sólo del prestigio americano, sino de su supervivencia".

El día 10 de octubre, el senador Keating anuncia que él tenía 100% de seguridad, por las informaciones recibidas de los exiliados de que seis plataformas de cohetes de medio alcance estaban siendo construidas en Cuba.

El presidente de la nueva República de Cuba, Osvaldo Dorticós, dos días antes de su comparecencia en las Naciones Unidas (ONU), prácticamente admite lo expuesto por Keating, cuando dice que "la amenaza de una nueva invasión a Cuba por los Estados Unidos, ha obligado al gobierno de Cuba a adquirir armamentos, en contra de nuestra voluntad, y esperamos que nunca tengamos que usarlos".

Ese mismo día, el presidente Kennedy autoriza un vuelo del U2 sobre el oeste de Cuba. El mismo se realizó el día 14, por la Fuerza Aérea, no la CIA. Las fotografías demostraron que en un área que no había sido cubierta desde septiembre, tres plataformas, con capacidad de mil cohetes de medio alcance, estaban en construcción en San Cristóbal, provincia de Pinar del Río. Otras excavaciones fotografiadas, mostraban que plataformas de dos mil millas de alcance de los IRBM también estaban siendo preparadas.

Kennedy pensaba que los motivos de Krhuschev eran probar al mundo entero que los Estados Unidos y su nuevo presidente eran débiles, y no precisamente usar los cohetes.

Pero ¿qué iba a hacer? Una completa inactividad fue desechada inmediatamente, pues confirmaría los temores expresados por el general De Gaulle, que no se podía depender de los Estados Unidos para afrontar problemas bélicos lejos de sus costas. Y al mismo tiempo, en Latinoamérica, sino se intervenía contra Castro esto podría tener muy malas consecuencias y el resurgimiento de otra Cuba.

El 17 de octubre la Administración Kennedy estaba dividida entre un ataque aéreo o establecer un bloqueo naval, como había sugerido unos días antes en la revista US News and World Report, Dean Acheson, secretario de estado. Los jefes militares favorecían un ataque aéreo, pero esto fue desechado, ya que se podía expandir el conflicto y matar a miles de cubanos y rusos, en un ataque sorpresa similar a Pearl Harbor por los japoneses, y esto sería fatal para el prestigio del país y su historia.

Aunque no se hablaba de la invasión a la Isla en esos momentos en Miami, sé por experiencia propia, por mi trabajo en el aeropuerto en mi guagüita, lo que sentían y pensaban los cubanos.

En los primeros días del mes de octubre (1962), en uno de mis recorridos a los aviones de Nacional Airlines, como a las dos de la mañana pude presenciar por la línea del ferrocarril, que pasaba muy cerca de donde yo me encontraba, vagón tras vagón transportando cantidades enormes de armamentos pesados y tanques, con destino a Key West. Estos rumores se regaron por todo Miami entre los exiliados, levantando mucho los ánimos nuestros, ya que pensábamos que una invasión a Cuba, con todo ese arsenal preparado, era inminente.

Finalmente, la decisión de Kennedy fue la del bloqueo naval, para impedir que llegaran más armas ofensivas a Cuba, pues se le había informado por la inteligencia que la Unión Soviética no estaba lista, ni decidida, a entrar en una guerra atómica por causa de Cuba.

El Congreso estimaba que una invasión o un ataque aéreo hubiése sido la mejor decisión, ya que una confrontación en el mar entre los barcos de la URSS y las fuerzas armadas norteamericanas, podía tener más riesgos de desencadenar una guerra nuclear.

Los Estados Unidos consiguieron la aprobación de la OEA y de la ONU para actuar. El 23 de octubre se obtuvo la aprobación de la OEA con 19 votos a favor y sólo la abstención de Uruguay, con la excusa de que su embajador en Washington no había recibido sus instrucciones.

Una resolución del Consejo de Seguridad de las Naciones Unidas, también ordenaba el desmantelamiento de los cohetes ofensivos y la retirada de los bombarderos, y el envío de observadores a Cuba, para garantizar su cumplimiento.

El mundo esperaba con ansiedad la respuesta de la Unión Soviética. En los Estados Unidos existía una aprobación general, pero no unánime, para un bloqueo naval. El New York Times publicaba que el presidente Kennedy no podía hacer otra cosa; mientras el New York Post criticaba que no se hubiese consultado antes con las Naciones Unidas y la OEA.

También se publicaron muchas cartas criticando el bloqueo. En Londres, McMillan, el primer ministro inglés, le dijo a Kennedy que Europa ya estaba acostumbrada a vivir bajo la amenaza nuclear soviética, y pensaba que lo que quería Krhuschev era cambiar a Cuba por Berlín. Adenauer, en Alemania, parecía sumamente agitado y preocupado. Diefembaker, en Canadá, parecía confuso. De todas formas, los aliados dieron su aprobación final.

Como los ayudantes de Kennedy habían predicho, los periodistas ingleses fueron los que más criticaron la acción del boqueo. The Times se preguntaba si verdaderamente habían cohetes en Cuba, mientras que el Daily News llamaba al bloqueo un "acto de guerra", y Bertrand Russell advertía al mundo entero: "Dentro de una semana vamos a estar todos muertos por complacer a los locos americanos".

En Cuba, dos cohetes de medio alcance ya estaban listos para operar desde el 23 de octubre. Había unos veinte mil soviéticos en Cuba, en cuatro unidades de cinco mil hombres cada una. Dos unidades cerca de la Habana, una en la parte central, y otra en el Este.

Krhuschev envió señales de que no quería una guerra nuclear, y estaba en una posición conciliatoria para llegar a un acuerdo con Kennedy, que no lo hiciera quedar mal. El 25 de octubre, el bloqueo empezó a funcionar y doce barcos soviéticos pararon en alta mar. Faltaba la demanda de los Estados Unidos de que los cohetes y los bombarderos fueran retirados de Cuba bajo la supervisión de las Naciones Unidas.

La crisis se agrava con la noticia de que un avión espía U2 fue derribado sobre Cuba. El propio Fidel Castro se hizo responsable del hecho, para que el mundo supiera que los cohetes no sólo estaban controlados por los soviéticos. Este hecho criminal -similar al derribamiento de las avionetas de Hermanos al Rescate-, merecía una represalia inmediata por parte de los Estados Unidos, sin embargo, Kennedy tuvo miedo de actuar por las consecuencias de una guerra nuclear. Los jefes del *Staff* recomendaron de nuevo un ataque aéreo, seguido por una invasión de la Isla.

La tapa del pomo.

Fue entonces que se decidió nuestro destino. Por recomendación de su hermano Robert Kennedy, el presidente decidió aceptar la propuesta de Khruschev de una promesa formal de no invadir la Isla, a cambio de la retirada de los cohetes y bombarderos que permanecían en Cuba.

La retirada de los cohetes se realizó sin la inspección ocular de las Naciones Unidas. Se dice que Kennedy, posteriormente, retiró la promesa de no invadir, pero hay muchas dudas al respecto. De todas formas, cínicamente aseguró a los veteranos de Bahía de Cochinos que fueron cambiados por medicinas, en un acto celebrado en el Orange Bowl de Miami, que Cuba sería liberada en un futuro cercano.

Para nosotros los cubanos, la actuación de Kennedy durante la crisis de los cohetes, fue similar a la de la Invasión de Bahía de Cochinos. O sea, una cobardía más. En los momentos cruciales Kennedy, el presidente católico, que aparentaba poseer un coraje especial, de acuerdo a su libro "Profiles of Courage", entregó Cuba a cambio de evitar una guerra nuclear, la cual Krhuschev tampoco deseaba, ya que su objetivo fue logrado, que era evitar la invasión de Cuba, que constituía la punta de lanza del socialismo en Latinoamérica.

Sin embargo, la opinión del pueblo norteamericano en aquel momento y en la actualidad es distinta. Kennedy fue el héroe que hizo a Krhuschev pestañar con el bloqueo, y evitó una conflagración mundial, y es lógico que así sea. ¿Qué importancia puede tener nuestra islita, cuando está en juego la seguridad personal?

Este hecho fue, en mi opinión, "la tapa del pomo". Nos vendieron en la misma forma que vendieron a media Europa al terminar la Segunda Guerra Mundial. Fuimos un peón más en el tablero internacional.

La llegada de los prisioneros.

El 24 de diciembre de 1962, dos meses después de la llamada "Crisis de Octubre", y un año y ocho meses de la Invasión de Bahía de Cochinos, 1,133 prisioneros llegan a Miami, a cambio de $53 millones de dólares en alimentos y medicinas. El exilio los recibe como los héroes que fueron. Llegaron al aeropuerto y fueron recibidos y vitoreados por una gran multitud de parientes, amigos y exiliados ansiosos de verlos al fin en libertad.

Recuerdo haberlos visto en televisión, bajando del avión uno por uno, y tratando de reconocer a mis amigos y algunos conocidos. Llegaron orgullosos de su heroica misión, y yo confieso haber sentido una mezcla de admiración y envidia de no estar entre ellos.

Días más tarde, fueron homenajeados por el propio presidente, en el Orange Bowl, en Miami, ante miles de espectadores. Kennedy, que se había hecho responsable del fracaso de la Invasión, se consolaba con la presencia de los que fueron a combatir pensando que tenían su respaldo. Claro que el momento era de alegría y no de resentimiento, así que el exilio en general aplaudía su gesto conciliatorio, con la esperanza de que en el futuro, muy cercano, Cuba fuera liberada de alguna forma.

Por parte de Kennedy, nunca sabremos si en verdad lo pensaba factible. Prometió que muy pronto la bandera de la Brigada 2506 y la bandera cubana, ondearían en una Cuba libre, bajo la aclamación y el aplauso de miles de exiliados que creyeron en su palabra.

Este acto cerraba un capítulo de nuestra historia. Después de unos días de excitación y alegría, vinieron los días de reflexión. La vuelta a Cuba ya no tenía fecha, había que dejarlo todo al destino y a la providencia. Los brigadistas, de todas las edades, aunque la mayoría jóvenes entre veinte y treinta años, tuvieron que integrarse a una nueva realidad, la de abrirse paso en un país extraño, y olvidarse del regreso por el momento. Lo mismo ocurrió con todo el exilio: "Esto pinta mal". "Llegó el momento de ponerse las pilas". "¿Qué hacemos nosotros en Miami? –era lo que se oía donde quiera que hubieran cubanos reunidos.

Después de dos años de la batalla, los sobrevivientes de la Brigada 2506 se alinearon militarmente en el Orange Bowl de Miami ante el presidente Kennedy, y cuarenta mil espectadores lloraban y gritaban: "¡Guerra... Guerra!

Hablando español correctamente, la primera dama, Jacqueline Kennedy, elogió el comportamiento de los combatientes.
Cuando al presidente Kennedy le fue presentada la bandera de la Brigada 2506, él prometió que ondearía en una Cuba libre.
Pero en 1976, los abogados de la Brigada lograron la liberación de la misma y hoy se puede observar con orgullo en la sede de la Brigada 2506.-

La desbandada.

El cuadro cambió por completo, nuestro futuro y el de nuestros hijos estaba en juego. Miami parecía ser nuestro destino; después de todo, ahí estaban nuestros amigos, y ya éramos tantos los cubanos, que esta ciudad de los años 60 en adelante parecía una Habana que también hablaba inglés.

Se empezó a sentir cierto resentimiento por parte, primero de los negros, porque los cubanos los desplazamos de los puestos más malos de Miami. Hay que recordar que en aquel tiempo era una ciudad racista, donde los negros todavía tenían menos derechos que los blancos en los baños y hasta en los bebederos de agua.

Recuerdo un incidente en aquellos tiempos, que a Sylvia y a mí nos pareció increíble. Resulta que nuestra Tata, como llamábamos a la niñera en Cuba, que se llama Edilia Valladares y es actualmente enfermera en el Miami Herat Institute, vivía con nosotros en una casita que habíamos alquilado en Coral Gables.

Edilia salió a hacer una diligencia, y llegó un poco tarde, ya de noche. Al ir caminando hacia la casa, fue parada por la policía e interrogada, pues los negros no podían caminar por Coral Gables. Con su poco de inglés y muy nerviosa, por fin logró darles la dirección donde residíamos. La policía, incrédula de que una negra pudiera trabajar y dormir en una casa de ese distinguido barrio, nos tocaron a la puerta como a las nueve de la noche. Eran dos policías con Edilia en el medio, y la pobre estaba tan pálida que parecía blanca, del susto que tenía. Les explicamos que era nuestra niñera y nos dijeron:

—OK, pero que no salga por la noche.

Era increíble lo barato que era todo en Miami en aquellos tiempos. Mi sueldo total nunca subió de los $500.00 dólares al mes. Después del nacimiento de mi hija Sylvia, más conocida por Beba, nos tuvimos que mudar del edificio de Roberto a una casita en Coral Gables donde pagábamos $150.00 dólares al mes. Yo le daba a mi esposa $20.00 dólares semanales para el Super y la familia comía, sin llenarnos demasiado, y con postre de *Sara Lee*.

Los cubanos en general no tenían todavía el dominio del idioma, pero sí el deseo de trabajar, y la mayoría éramos blancos, y éramos preferidos sobre los negros para puestos de bajos salarios.

Eso sí, los puestos de bajos salarios abundaban, como *taxi driver, waiters* en los hoteles, parqueadores, lecheros, trabajadores de factoría, en la tomatera, etc. Todos estos puestos fueron ocupados por exiliados profesionales, como abogados, médicos, ingenieros, etc., que tenían que buscarse la vida honorablemente como fuera necesario, y tenían el orgullo de no acudir al refugio a pedir ayuda familiar.

Me siento muy orgulloso de haber sido uno de ellos, y mis cuentos de taxi driver en Coral Gables los repito constantemente para que no se me olviden y para que nuestros hijos, que gracias a Dios no han tenido que pasar tantos trabajos y penurias, sepan que nuestra generación los afrontó con alegría y optimismo.

Tengo varios amigos que fueron lecheros, y tengo entendido que Jorge Mas Canosa también lo fue. Según me cuentan mis amigos que trabajaron en eso, como Félix Guardiola y Emilio Lecours, el problema principal que afrontaban eran los perros. Había que entregar la leche en las puertas de las casas, y en el jardín muchas veces se encontraban con un perro que los perseguía fieramente hasta que se metían en sus camiones, y pasaban tremendo susto, y sobre todo los que no corrían muy bien. Cuarenta años después, esto parece increíble, aunque no estoy seguro si la leche se sigue entregando a domicilio, aunque no he visto más un carro de lechero por la calle.

Mi tía Lolita Montalvo, tendría en esa época unos sesenta y pico de años -a mí me parecía mucho más vieja-, y era artrítica. Como todos teníamos que trabajar para subsistir, ella se empeñó en que la lleváramos a la tomatera a recoger tomates y ponerlos en una caja que le pasaba por delante a toda velocidad. A la media hora de su entretenida labor, tuvieron que llamar una ambulancia porque, la pobre, se quedó inmovilizada, y naturalmente fue despedida.

Entre los trabajos más entretenidos, el cual me pesó después no hacerlo, era el de fumigador. Uno de los fumigadores más famosos lo fue Carlitos López Oña, brigadista, socio del Habana Yacht Club, y de muy conocida familia en Cuba. Carlitos era fumigador de Orkin, muy simpático, que te hacía una visita social al mismo tiempo que fumigaba. Él llegaba a mi casa por la mañana a descargar sobre Cuba y el hp de Fidel, y me decía: "Churri, ¿dónde están los bichos?" y yo le decía: "Creo que la semana pasada vi una cucaracha en el Florida room". Inmediatamente mi amigo, armado de su aparato fumigador, echaba un chorrito debajo del sofá y luego se sentaba a tomar un cafecito que yo le preparaba, y seguíamos conversando. Luego se despedía de mí y me decía: "Ahora me voy a casa de … fulano" –otro amigo de él-, donde se repetía la misma operación. Carlitos tenía tantos amigos clientes, que se independizó y puso su propio negocio.

Los abogados teníamos una esperanza de mejorar de trabajo, y fue que el Refugio comenzó a reclutarlos para fiscalizar a los exiliados refugiados que cumplieran los requisitos para recibir los beneficios, como límite de ingresos, etc., etc. Un trabajo no muy agradable, pues estabas espiando a tus propios compatriotas para quitarles el cheque en cuanto encontraran trabajo.

Pero era un trabajo de saco y corbata, y con un sueldo de $700.00 dólares al mes, que entonces era una fortuna, y te daba cierto prestigio entre los exiliados de peores puestos. Ya yo no podía más con la guagüita del aeropuerto, pues renuncié por el dolor de espaldas que tenía de dormir en un banco y dormir a picotazos.

Así que, me puse de lo más elegante y me presenté a aplicar por un trabajo de abogado en el refugio, en el Freedon Tower de Biscayne Boulevard. Me entrevistó una americana de lo más amable, que hablaba español. Después de conversar en inglés con ella sobre mis aptitudes y aspiraciones, me dijo: " Usted está calificado para este trabajo, pero no se lo voy a dar. Usted tiene que irse de Miami para poder tener algún futuro, si quiere nosotros lo ayudamos a conseguir trabajo en otro Estado, donde pueda tener más oportunidad".

Empezó la época de los relocalizados. Miami no podía absorber la cantidad de familias que llegaban diariamente buscando libertad y medios de vida; así que el Refugio se encargaba de conseguirle trabajo al jefe de familia, o muchas veces mujeres y hombres solteros, en otros Estados, de acuerdo a sus calificaciones y aptitudes. Una gran cantidad de cubanos fueron relocalizados al poco tiempo de llegar a

Miami. Así partieron hacia lo desconocido, a abrirse paso en ciudades donde no conocían a nadie, no tenían con quien hablar por teléfono, que es lo peor que le podía pasar a una señora cubana. De esa forma se explicaba que donde quiera que usted fuera en los Estados Unidos, se encontrara con cubanos, que generalmente han tenido éxito y han logrado mantenerse y educar a sus hijos.

SEGUNDA PARTE

EL VERDADERO EXILIO

CAPÍTULO IV

LUGARES EXTRAÑOS

Después de la llegada de los prisioneros, o sea, el 24 de diciembre de 1962, podemos considerar que el año 1963 comienza nuestro verdadero exilio.

Nuestra Isla ya había sido entregada por Kennedy dos meses antes, en octubre de 1962. El primer ministro soviético, Nikita Krhuschev acuerda retirar los cohetes de Cuba tras un tenso enfrentamiento con Washington. Estados Unidos se compromete a no invadir a Cuba e impedir que otros lo hagan.

Al escribir estas líneas, han pasado ya cuarenta y cuatro años, y trato de recordar mi exilio y qué estaba ocurriendo en Cuba todo ese tiempo, y cómo es posible que no hayamos podido regresar a nuestra Patria, que para nosotros es única y nunca podrá surgir otra igual.

Con las vicisitudes y trabajos que hemos tenido que afrontar cada uno de nosotros, se pudiera escribir un libro que reflejaría esa mezcla de dolor interno del desterrado, y las alegrías que durante ese largo tiempo hemos tenido la suerte de acumular en el rumbo de la vida; como haber visto crecer a nuestros hijos, haberlos podido educar, y verlos ya casados y con sus propios hijos, porque han formado sus propias familias, y sobre todo haberles podido evitar lo que nosotros atravesamos.

Después de mi último intento de quedarme en Miami, ciudad donde los cubanos poco a poco nos estábamos adaptando, y donde nos sentíamos acompañados por amigos y familiares y la cercanía de nuestra Cuba, algunos de nosotros nos vimos obligados a buscar otros horizontes, donde simplemente nos podíamos ganar el sustento de la vida. Otros con algunos medios pudieron quedarse, y muchos que no dominaban el idioma inglés y no les fue posible relocalizarse, tuvieron que afrontar la difícil situación que se presentaba en Miami, en recesión y con pocas oportunidades de trabajo.

Muchos de este último grupo lograron triunfar, a base de esfuerzos de toda la familia, viviendo juntos, todos trabajando en lo que se presentara, en las factorías, en los hoteles, de parqueadores, o de waiters en los restaurantes. El matrimonio, los parientes, y hasta el abuelo se lanzaron a la calle en un esfuerzo común, y no solamente lograron sino que crearon una Habana dentro de Miami, a través de los años, y son en mi opinión, dignos de admiración y respeto. El cubano probó que estaba dispuesto a trabajar, y sin duda, constituye una de las mejores inmigraciones que haya arribado a este país.

New York, 1962-1965.

Yo tuve la inmensa suerte de usar la influencia de mi padre. Al encontrarme sin trabajo y cansado de lo poco que ofrecía Miami en aquella época, me decidí a llamar por teléfono a Ed Landreth, alto ejecutivo de Sterling Products Internacional, que había sido gerente en Cuba y amigo personal de mi padre, el cual es casi más cubano que americano, porque allá vivió con su familia por veinte años.

Había una posición para un "trainee" que pagaba $200.00 dólares a la semana, eso en Miami era una fortuna, pero en New York el cuadro era distinto, lo que me obligó unos meses más tarde a trabajar en Macy's un *part time* de 6:00 p/m a 10:00 p/m, y los sábados todo el día (de 9.00 a/m a 6:00 p/m)

Bueno, el caso fue que acepté el trabajo. New York y el cubano son como el agua y el aceite, y la adaptación tarda una eternidad, si es que llega. Naturalmente, toda esta sensación de encontrarme en un lugar inhóspito se agrava con la falta de dinero. Hay que tomar decisiones rápidas. Dónde nos metemos, es la primera y la más importante.

Como no teníamos ni la más remota idea de qué íbamos a hacer, pensamos que lo mejor sería que yo me fuera solo primero y empezara a trabajar rápidamente, buscara un apartamento barato, y luego vendría el resto de la familia. El único problema era que no había dinero para el pasaje, y mucho menos para la estancia.

No hay duda que, a pesar de nuestra tragedia, yo creo firmemente que Dios nos envió un ángel de la Guarda, encargado especial de asuntos cubanos, que nos ha protegido desde nuestra llegada a este país; pues con un dinero prestado y manejando un automóvil que debía entregar a su dueño en New Jersey, me lancé a mi aventura neoyorkina.

Lo que nunca nos faltó en New York fue la compañía y la ayuda de nuestros amigos que conocíamos de toda una vida. Como la estancia en la ciudad era (y sigue siendo) sumamente cara, los cubanos en los primeros años se establecieron en Queens, en lugares como Flushing y Rego Park, donde la renta era mucho más barata.

A mi llegada, viví en casa de varios amigos como: Jorge Tarafa, Miguel Triay, y otros que ni recuerdo, hasta que llegara mi familia. Después, por consejo de mi gran amigo el Catalán Martínez Riera, conseguí –gracias a él- un apartamento en Flushing, a donde se había mudado un grupo del Vedado Tennis Club, como: Otto de Córdova, Coquito Pertierra, Pity García, y el Gago Chomat y Carlos Martínez del Havana Yatch Club.

El Catalán me lo consiguió en el propio edificio donde él residía, que era nuevecito y con piscina, costaba $175.00 dólares mensuales.

—El problema son los muebles. ¿De dónde los sacamos? –le pregunté preocupado.

—No te preocupes, cómprate unos *twin beds* de uso, y yo te doy una litera que me sobró para los niños. Además, los miércoles la gente en Flushing bota los muebles y se recogen en la calle, y así vas amueblando el apartamento.
Y seguí su consejo.

Betsy Landreth, la señora de Ed, era la jefa del refugio en New York, y ayudaron a miles de cubanos que llegaban sin un kilo. Uno de los beneficiados fui yo, y me regalaron un abrigo de lana doble, de los antiguos, que me resolvió el problema del frío, pero tenía un inconveniente, me quedaba grande y era tan pesado que me ahogaba en el subway, y casi no podía caminar

Uno de mis problemas era la ropa, ya que en New York se trabaja de cuello y corbata, y yo tenía un trajecito que había traído de Cuba, y el pobrecito estaba bastante maluco, pero bueno, había que empezar con algo y todos los sábados lo metíamos en la tintorería y estaba *ready* el lunes.

Así fui tirando hasta que un día me empaté con un cubano amigo, cuyo nombre no voy a divulgar; me dijo:

—Churry te voy a mandar a un lugar en la 136 que venden ropa robada, de las mejores marcas y baratísima.

—Bueno... Pero ¿cómo es posible?

—Pues chico, la jugada es que se la roban de los camiones de entrega, en combinación con el camionero.

Y así, con un poco de complejo de ladrón, partí para esa dirección, y en una tiendecita que operaba otro cubano, salí pertrechado con un abrigo de cashemere azul oscuro por $90.00 dólares (que valía $600.00 en Bloomingdale), y tres trajes oscuros de Brooks & Brother, a un precio de $40.00 dólares cada uno (que vendían en $120.00 en las tiendas). Por fin me sentí como un ejecutivo.

Como en todos los lugares y países que he vivido, en el exilio te tardas dos años para saber dónde estás parado. Es un período de adaptación a las ventajas y desventajas que te ofrece el lugar. Nueva York, por mucho tiempo que vivas ahí, tiene una característica especial: la odias por su incomodidad, viajando apachurrado en el subway, los molotes de gente por la calle, el invierno, que cuando llega te tienes que disfrazar con abrigo, bufanda, botas para la nieve y sombrero; o la quieres cuando te das cuenta que estás trabajando en la ciudad más importante del mundo, y su centro financiero, sus rascacielos y lo que ofrece cuando empiezas a poderlo pagar, como sus teatros, restaurantes, espectáculos deportivos, artísticos, tiendas por departamento, todo lo que se te pueda ocurrir lo puedes encontrar en New York, y además como cantaba Frank Sinatra. Si triunfas aquí, triunfarás en cualquier otro lado...

El primer país al que iba a ser enviado fue México, en 1963, pero como todavía no era ciudadano, era un problema con pasaporte cubano, así que decidí quedarme en Nueva New York hasta 1965, cuando se cumplieron cinco años de mi estadía en los Estados Unidos.

Asunción, Paraguay 1965-1968.

Después de un *training* de tres meses en la Argentina, fui asignado gerente en Paraguay, un mercado pequeño y bastante conflictivo, por el contrabando.

Me acordé inmediatamente de lo único que había leído sobre el Paraguay en una columna de Eladio Secades, en Cuba, en la cual preguntaba: "¿Ha visto usted alguna vez a un paraguayo?"

Sin querer dar clases de Geografía, pero por si acaso, el Paraguay se encuentra en el centro del Sur de Suramérica, y linda con la Argentina, Brasil y Bolivia, está completamente aislada del mar, y yo, a la verdad, nunca había visto a un paraguayo.

Mi primera impresión no fue muy buena, pues al llegar al aeropuerto, en Inmigración estaba un oficial que cobraba un impuesto de llegada en pesos argentinos, equivalente a $10.00 dólares, yo le di un billete de $20.00 y el señor se lo metió en el bolsillo y nunca me dio el vuelto.

Los paraguayos se hicieron famosos por lo valientes que fueron durante la guerra de la Triple Alianza, cuando lucharon solos contra la Argentina, Brasil y Uruguay, y no pudieron vencerlos, por lo que ellos viven muy orgullosos de su pasado histórico.

Así que no te equivoques con un paraguayo. Alfredo Strossner estaba en el poder durante mi estancia en Asunción, y tuve la oportunidad de saludarlo en una recepción celebrada en el Club Centenario, donde se reunía la crema y nata del Paraguay.

Mi impresión fue de que Strossner (el colorado, como le decían), era muy querido y respetado por el pueblo, y mantenía el país en perfecto orden. Me recuerdo haber visto unos cuantos mancos, y pregunté de dónde salían, y me dijeron que esos eran ladrones, pero que no me preocupara, porque ya no habían.

Strossner, como buen alemán, simpatizaba con los nazis, y recuerdo en una parada militar cómo marchaban con el famoso paso de ganso. Era conocido que en el Paraguay se encontraban escondidos en el campo, donde trabajaban, varios criminales de guerra alemanes. Por otro lado, Strossner era muy anticomunista.

Una de las características del Paraguay es la siesta. Se comienza a trabajar a las ocho de la mañana y a las doce (mediodía) se cierra todo y se van a las casas, a almorzar y dormir la siesta, con payama y todo. Se abren de nuevo los negocios a las tres de la tarde. La siesta no se puede interrumpir ni llamando por teléfono, ni tocando a la puerta, pues te buscas un problema, como me ocurrió a mí, así que lo primero que hay que aprender es que la siesta es sagrada en el Paraguay.

Los generales se beneficiaban mucho con el contrabando, que era la mejor industria paraguaya, sobre todo de cigarrillos y whiskey que infiltraban en Brasil en avionetas, algunas piloteadas por cubanos. Empezaron a aparecer por Asunción varios amigos míos dedicados al negocio, y me dijeron que Paraguay era su mejor mercado, donde se vendían más cigarrillos y whiskey que en cualquier otro país de Suramérica.

La compañía que yo representaba, fabricaba en Asunción un producto que también fabricaba y vendía en la Argentina, llamado Geniol (aspirina-cafeína). El río Paraguay divide a Clorinda, Argentina, de Asunción, Paraguay, y no es más ancho que el río Almendares, así que las Clorinderas, como le llamaban a las contrabandistas, lo cruzaban con productos argentinos sin pagar impuestos, con el beneplácito de los generales.

Así que mi Geniol no podía competir con el Geniol argentino, que era más barato, por eso me decidí a anunciarlo en un programa de televisión de las Farmacias de Turno, que nosotros pagábamos, y decía así:

**Y no se olvide, compre Geniol paraguayo
y combata el contrabando.**

En unos días recibí una llamada de un tal coronel Martínez, quien me dijo amablemente: "Señor Ordóñez, si quiere permanecer en el país, suspenda inmediatamente el anuncio de Geniol". Yo decidí quedarme en el país.

Me encontraba en Asunción cuando el Che Guevara se había infiltrado en Bolivia con un grupo de guerrilleros cubanos. Bueno, pues el caso fue que unos cuantos de ellos, aproximadamente una docena, se internaron en El Chaco paraguayo, y fueron capturados por el ejército que protegía la frontera con Bolivia. Fueron trasladados a Asunción, donde permanecieron presos unos días. Según rumores, el general jefe de la Aviación (aunque no sé cuántos aviones tenían), se presentó ante Strossner con el problema y qué hacía con los prisioneros, y el presidente solamente dijo: "Proceda, mi general".

Al parecer, el general cumplió la orden inmediatamente, pues a los guerrilleros cubanos los llevaron al aeropuerto a hacer prácticas de paracaídas, pero sin el equipo, donde fueron lanzados al espacio uno por uno. Parece que varios cayeron en territorio argentino, y hubo una protesta oficial y un escándalo sobre el asunto.
Permanecí en Asunción hasta 1968.

Río de Janeiro, Brasil, 1968-1971.

Recuerdo que un ejecutivo extranjero en una reunión, cuando yo trabajaba con los japoneses, poco antes de mi retiro en 1991, refiriéndose a Brasil dijo simplemente: "Brasil no es un país serio". Cuando trato de recordar los años que pasé en Río, me doy cuenta de la razón que tenía el señor. Todo allí es una "brincadeira", que en nuestro idioma cubano quiere decir: todo es una jodedera.

Recuerdo cuando el gobierno, años más tarde, decidió mudar la capital de Río de Janeiro a Brasilia, en el centro del país (sin playas). La mayoría de los funcionarios públicos, incluyendo ministros, renunciaron, pues no estaban de acuerdo en abandonar "la brincadeira".

Nunca olvidaré los carnavales, evento anual esperado con ansias por los cariocas. La costumbre es que las mujeres casadas se liberan desde el comienzo del carnaval el sábado, hasta "cuarta fera" (miércoles). Las fiestas de la alta sociedad en el Yate Club acaba con las "señoras" quitándose la ropa y tirándose a la piscina.

El ritmo de la música del carnaval, que todo es de tumbadoras, es increíble, y la sensualidad de las cariocas bailando a su compás no tiene comparación en el mundo entero. Recuerdo nuestros carnavales, la comparsa de los Alacranes (tumbando caña), Las Jardineras, y otras que he olvidado, pues de niño solamente iba a tirar serpentinas, pero no tienen nada que ver con el grandioso espectáculo del carnaval de Río.

Por otro lado, la gente se divierte y trabaja poco, pero hasta el más humilde negro, que vive en una fabela, probablemente es más feliz en esos días que el ejecutivo extranjero que los criticó.

Hay que reconocer que en Sao Paulo se trabaja y la gente es más seria, pero todos están locos por mudarse para Río, pues si te quieres aburrir vete a Sao Paulo, lo cual tuve que hacer yo varias veces en viaje de negocios, además de jugarte la vida, pues en el "ponte aéreo" de Río a Sao Paulo, los aviones eran unos cacharros que no levantaban vuelo hasta rozar con el Pan de Azúcar, (la montaña), dejando atrás a Río y la diversión.

Tuve la oportunidad de viajar todo el Brasil, inclusive Brasilia, años más tarde, y nunca he visitado en mi vida una ciudad tan fría y poco atractiva, no en balde los cariocas se negaron a mudarse.

Hay una gran diferencia entre el sur. Ciudades del sur, como Porto Alegre y Curitiva en Río Grande do Sul, donde hay una gran influencia europea, principalmente alemana, allí hay prosperidad, y el norte de Brasil, donde existe una gran pobreza, como en Bahía y en la provincia de Ceara.Recuerdo haberme internado en esta última para visitar una farmacia llamada "la farmacia de los pobres", a promover nuestros productos, y casi no pude entrar por la cantidad de moscas que volaban por doquier.

Mi impresión del país en aquellos años no ha cambiado actualmente, reconociendo la potencia de Brasil como país industrial. Siendo el líder de Latinoamérica en importancia, tiene un problema social enorme, que es muy difícil de resolver, el cual puede ser aprovechado por algún candidato de extrema izquierda, como está ocurriendo actualmente.*

Buenos Aires, Argentina, 1971-1973.

Volví a *mi Buenos Aires querido* –como cantaba Gardel-, y para mí este tango es inolvidable, pues quien ha vivido en Buenos Aires unos años, siente una nostalgia especial de volver a visitarla, es la mejor ciudad de Latinoamérica, como tuve la oportunidad de hacerlo en varias ocasiones, diez años más tarde.

Era la época de los dictadores militares, que se sucedían unos a otros dándose un golpe de estado, pero que resultaron ser mucho mejores que los políticos que gobernaron estos últimos años, y que llevaron el país a la ruina

Mi primera sorpresa al llegar a Buenos Aires fue descubrir que la mayoría de la población era de origen italiano y no española, o sea, estaba tratando con gente distinta en todo sentido, y para trabajar con ellos es necesario tratar de comprenderlos. Primero que todo, no tienen nada que ver con el

---

*Actualizando la situación del Brasil con la publicación de este libro, efectivamente, ganó las elecciones un líder izquierdista: Ignacio Lula D'a Silva.

resto de Latinoamérica, que para ellos no existe. Ellos viven en otro mundo, un mundo europeo.

A mi llegada, se me hizo necesario comprar un automóvil rápidamente, y de acuerdo a mis recursos, decidí comprarme un Fiat de esos chiquiticos, que era más o menos una motocicleta con carrocería, pero andaba bien y yo estaba de lo más contento con mi Fiat.

Como al mes de trabajar con Sydney Ross, como se llamaba **Sterling Drug** en Buenos Aires, que estaba situada en la Avenida Libertador, una dirección de gran prestigio, lo cual es muy importante para los argentinos, se me acercó la secretaria de mi jefe y me dice:
—Señor Ordóñez, si me permite la franqueza, a un ejecutivo como usted no le conviene tener un carro chiquito, ya que sus subalternos tienen todos automóviles de mayor importancia -yo me le quedé mirando y no le contesté nada.

También me di cuenta de que los empleados se niegan a realizar cualquier labor que se considere manual, como por ejemplo: cargar un paquete o algo pesado, para ellos es humillante.

Finalmente, opté por cambiar mi carrito por un Peugeot 504, no precisamente por lo que me dijo la secretaria, sino porque me iban a matar por el camino a mi oficina. La pasión de los argentinos, además del fútbol (socquer), son los automóviles, y todos se creen Fangio. No hay policía de tráfico ni límites de velocidad; cuando uno para en un semáforo, se oye el sonido de los automóviles calentando los motores para salir como bólidos cuando encienda la luz verde.

También era costumbre trabajar poco, de 9 a 12 ¡y a almorzar!, como bestias y con mucho vino. Se regresaba cerca de las tres, y por la tarde, medio mareado y con sueño, se hacía lo posible por cumplir. Mi sorpresa agradable fue que el sistema americano de trabajo en New York, nunca se impuso, sino por el contrario, los jefes americanos se adaptaron rápidamente al sistema argentino y acabábamos todos siendo unos tremendos vagos.

Cuando dejé la Argentina en ruta a Paraguay el dictador de turno era Ongania. No comprendo por qué lo tumbaron, pues parecía que las cosas andaban bien, pero a la vuelta estaba en el poder otro militar, Roberto Levinsgton, y ya se empezaba a rumorar que había conversaciones con Perón para su regreso a la presidencia del país.

El delirio con Perón en la Argentina, era algo similar a la admiración por el ídolo del pueblo Carlos Gardel, que murió en un accidente de aviación en 1936. Estamos hablando del año 1970, y no se oía otra música que los tangos que él cantaba, ya fuera por sus antiguos discos o por imitadores, como lo que ocurre en los Estados Unidos con Elvis Presley.

En cuanto al peronismo, encuentro increíble que un dictador que derrochó el oro que tenía la Argentina, el país más rico de Latinoamérica y de Europa en los tiempos de la Segunda Guerra Mundial, repartiendo dinero con Evita a los *descamisados*, y comprando con su oro los ferrocarriles a Inglaterra, considerado como uno de los peores negocios de la historia, además de ser un fascista y simpatizante de Hitler, pudiera tener esa popularidad después de tantos años de su derrocamiento.

Te subías a un taxi en buenos Aires, e inmediatamente empezaba una interrogación: ¿De dónde es usted? ¿A qué se dedica? Y: Usted tiene pinta de extranjero. Después de mi forzada confesión sobre mi ciudadanía, empezaban las preguntas sobre Cuba, las cuales yo trataba de ignorar, para no buscarme una discusión con el tipo, ya que se notaba su admiración por Fidel Castro, y verdaderamente no valía la pena tratar de convencerlo. Lo cual también ocurría en conversaciones con altos ejecutivos argentinos en las reuniones, naturalmente, en una forma más sutil, por lo cual decidí no tocar el tema de Cuba.

En cuanto a su punto de vista, el cual no te queda más remedio que escucharlo, hasta por fin llegar a mi destino, después de oír los tangos de Carlos Gardel –que a la verdad, sí me gustaban–, empezaba la crítica al gobierno de turno, y la necesidad de que volviera Perón, porque se decía que en aquellos tiempos se vivía mejor. A mí me recordó la campaña de los "cinco pesos en el bolsillo" de Grau San Martín, por lo cual salió electo, demostrando el cubano una inmadurez política semejante a la de mi acompañante.

Con todos sus problemas, el argentino cuando lo tratabas descubrías un sentido del humor desconocido en el mundo entero, y yo pasé muy buenos tiempos en buenos Aires, y a la verdad, todavía lo extraño.

En 1973 me vi forzado a abandonar "mi Buenos Aires querido", por motivo de un robo a mano armada en mi casa en el barrio de Escazu. Tres individuos vestidos de saco y corbata y fingiendo ser policías, se infiltraron en mi casa a través del garage, en el momento que yo entraba en mi automóvil. El garage se comunicaba con la sala, así que sin darme cuenta me encontré con estos tres malhabientes (como les dicen en Buenos Aires), encañonándome con sus pistolas y diciéndome que tenían una denuncia en contra mía de ser un montonero (guerrillero). Uno de ellos tenía un bigote enorme, tipo Pancho Villa, y tenían, como dicen allá, "una pinta de bandidos" que no podían con ella.

Bajaron al resto de la familia: Sylvia y mis tres hijos, y nos sentaron en la sala con uno de ellos apuntándonos con el revólver, mientras los otros robaban todo lo que encontraban en las gavetas y maletas, pues desde abajo oíamos el ruido de los *zippers*. Encontraron las joyas que había heredado mi mujer de su madre, y hasta unos cuantos vestidos. Mis hijos y ella estaban aterrorizados y yo lo mismo, pero tenía que dar la impresión de ser valiente, para proteger a mi familia.

Pretendieron separarnos cuando yo les dije: "Ustedes roben todo lo que quieran, pero mi familia se queda conmigo". Uno de ellos se me acercó y me puso la pistola en la sien. Por un instante yo cerré los ojos y me imaginé los sesos míos pegados al techo. Por suerte me hicieron caso y no se llevaron a Carlos, mi hijo, como pretendían. Después nos encerraron a todos en la cocina, inclusive a la criada en un pequeño cuarto, a la cual trataron con mucho respeto, de la cual yo siempre pensé que era su cómplice.

Después pusieron el radio muy alto, por lo cual yo pensé, como decían en Cuba, que nos iban a "afrijolar" a todos. Finalmente, cuando yo les grité que esperaba visita, decidieron marcharse y metieron todo lo que pudieron en mi Peugeot, incluso un cuadro que yo tenía de mis medallas deportivas, la mayoría sin valor intrínseco, pero insustituibles.

Unos días más tarde fueron capturados por la policía, y nos llamaron para que fuéramos a identificarlos en una fila de individuos, como salen en las películas, con la diferencia de que en Buenos Aires es cara a cara. De los tres malhabientes solamente pude identificar a dos, o sea, que el tercero andaba suelto, así como otro que se vigilaba afuera en un automóvil, al que llamaban "el campana".

Al día siguiente hablé en el trabajo con mi jefe Mr. Quinlan, para comunicarle que tenía que mudarme, por miedo a una represalia. Para mi sorpresa, este señor me dijo que eso no era posible, pues la compañía era responsable del *lease*. Yo me le quedé mirando y de pronto se me salió el solar y lo mandé pa'l carajo en inglés. El tipo ni se inmutó y agarró el teléfono delante de mí y habló a la oficina de Nueva York pidiendo mi traslado inmediato.

Así terminé mi estancia en "mi Buenos Aires queridos", aunque unos años más tarde logré visitarlo de nuevo en varias ocasiones, yendo siempre a la calle Florida y a comerme un *beefe de chorizo* en el Palacio de la Papa Frita.

Es triste ver cómo la Argentina, un país que lo tiene todo: petroleo, industria, ganado, población europea, territorio; parece no haberse sabido gobernar ni contener un enorme grado de corrupción que la ha llevado a la ruina. Esperemos que los argentinos no sean víctimas de sus propios errores, y que no les surja un Fidelito por el camino. Aunque el país sí poseen un ejército fuerte.*

---

*Actualizando la situación en la Argentina con la publicación de este libro, parece que no surgió un Fidelito, pero sí un presidente muy parecido.

San José, Costa Rica, 1973-1976.

Poco puedo escribir sobre Costa Rica que no sea bien conocido de todos. Es un país pequeño y democrático. San José, una pequeña ciudad agradable, con el único problema que en la estación que ellos llaman invierno (que es el verano de Miami), llueve todos los días, y cualquiera se vuelve loco, menos los ticos.

Desde Costa Rica viajé constantemente al resto de los países Centroamericanos, como Nicaragua, Guatemala, Honduras, el Salvador y Panamá, a los cuales encontré con treinta años de retraso con respecto a Cuba, y con muchísimos más problemas sociales. Sin embargo, ahí estaban funcionando y nosotros en el exilio. No lo podía comprender.

Los costarricenses están muy orgullosos de su país y lo consideran "La Suiza de América", ellos son muy cultos y se consideran muy superiores al resto de los centroamericanos. San José es un pueblo de campo comparado con la Habana, pero hay que admitir que han sabido gobernarse y allí las elecciones se desarrollan como una fiesta, donde todo el pueblo participa con alegría y orden. Esa diferencia con Cuba tampoco la podía comprender.

Después de once años de vida internacional, donde mis hijos habían sido educados en demasiados colegios y ya sentía la presión por parte de la familia de tener un cambio, decidí renunciar y volver a la ciudad que nos había adoptado, y que casi parecía que era cubana, nuestra: **Miami.**

Miami, 1976-1982.

Fue un período duro en Miami. Había una recesión que, principalmente, afectó a la industria de la construcción, y naturalmente al negocio de bienes raíces. Al llegar saqué mi licencia de *Broker* y puse mi propia compañía. Los intereses durante esa época de Jimmy Carter, subieron hasta el 20%, y como decimos los cubanos: "la calle estaba de madre".

¿Y en todos estos años de mi vida internacional, qué estaba pasando en Cuba?

En julio de 1964 se descubren en Venezuela tres toneladas de armas embarcadas por Cuba. Todos los países rompen relaciones con Cuba, excepto México. Cuba permite a los exiliados que residían en Estados Unidos ir al Puerto de Camarioca para recoger a sus familiares. Alrededor de cinco mil cubanos llegan a la Florida de forma completamente desorganizada. En respuesta, el presidente Johnson establece los "vuelos de la libertad", operados por este país, que llevan a 260,561 cubanos al exilio, antes de la terminación del programa en 1973.

En septiembre de 1977, Estados Unidos y Cuba abren Secciones de Intereses en sus respectivas capitales.

Del 4 al 6 de abril, más de 10,000 cubanos entran en la embajada del Perú en la Habana, en busca de asilo político. El día 20 de ese mismo mes, Castro afirma que cualquiera que se quiera ir de Cuba, puede hacerlo a través del puerto del Mariel. Para fines de septiembre unos 125,000 "marielitos" ya habían desembarcado en territorio americano por Key West, no sin antes haber sufrido vejaciones, repudio e incontables violaciones de los derechos humanos. Un hecho que asombró al mundo entero.

Fuera de Miami se añora a Cuba, en esta ciudad se vive en Cuba. Los periódicos, la radio, nos recuerdan constantemente nuestra obligación de tumbar al tirano (y te piden dinero para actos de guerra que nunca ocurren). Se nota que es un exilio a la defensiva, sin ninguna estrategia de cómo hacerlo, con demasiadas organizaciones anticastristas, cada una con su propia agenda, donde la unión sólo se observa cuando se convoca una marcha en reacción a cualquier evento provocado por Fidel en Cuba.

Se desfila con las banderas cubanas, y en fila se van colocando las distintas organizaciones, cada una con su pancarta y sus fieles seguidores, pero separados, y los sigue el exilio común, que no pertenece a ninguna y acude por patriotismo. Al día siguiente no ha pasado nada, ni se ha conseguido nada con desfilar. Algún día los americanos lo van a tumbar, "ellos ponen los muertos, y nosotros, los gobernantes", parece ser el pensamiento de los dirigentes.

Todos los días se creaba una organización, que alza la bandera y se lanza a recaudar dinero para mantener sus oficinas y algunos empleados. Y yo pensaba: El día que se caiga Fidel, ¿de qué va a vivir toda esa gente? Al mismo tiempo me di cuenta del error que cometí al volver a Miami, por la aventura de un negocio que salió jorobado, atraído por estar dentro de la cubanada, incluyendo la playa, el cafecito y el pastelito de guayaba...

Al fracasar mi compañía de Real State (bienes raíces), parecía que después de trabajar por veintidós años, mi exilio empezaba de nuevo, a los cincuenta y dos años de edad. Pero de pronto, apareció el Ángel de la Guarda, encargado de asuntos cubanos.

Resulta que mi hermano Pepe, que trabajaba como profesor en St. Paul School, en Concord, New Hampshire, me llamó para decirme que uno de sus antiguos alumnos trabajaba con una compañía japonesa llamada Nikko, y estaba buscando un ejecutivo para que viajara a Latinoamérica, me dio su nombre y dirección para que le escribiera y le mandara mi resumé. Le pregunté qué clase de compañía era y me dice: "Creo que venden juguetes".

Procedí a mandarle inmediatamente una carta a John Riker con mi resumé, y refiriéndome a que yo era el individuo ideal para mercadear juguetes en Latinoamérica, por mi gran conocimiento del área. Por tres meses no supe nada del Sr. Riker, hasta un día que recibo una llamada: "Carlos, es John Riker, por cierto que no somos una compañía que vende juguetes, somos un *Securities Firm"*, (acciones y bonos). Yo me sentí un poco ridículo; mi hermano Pepe académico, pero no sabe nada de negocios, se recordaba de los tiempos en que los japoneses sólo fabricaban juguetes. Riker continuó: "Nos hace falta un individuo con conocimiento de Latinoamérica, así que nos gustaría entrevistarte".

New York, 1982-1991.

¿Qué hace un cubano trabajando con japoneses? Todavía me pregunto cómo fue posible que estuviera nueve años trabajando con Nikko Securities International Inc., y que me retirara con el título de Senior Vice President, sobre todo con lo poco que conocía del negocio cuando comencé con ellos en enero de 1982. Confieso que me siento orgulloso de haberlo logrado, quizás solamente lo comparo con el día que me embarqué, en medio de un fuerte Norte, a entregar armas a Cuba.

Mi experiencia trabajando con los japoneses fue tan variada e interesante, y viajando a lugares de Europa, Asia y Latinoamérica, que casi podría escribir un libro sobre el tema. Pero lo más difícil es definir a un japonés, cómo piensa y qué lo motiva.

Como en una reunión con ellos se establece un absoluto silencio, como me pasó en mi entrevista con Kanayama, mi primer jefe, no parecía escuchar el interrogatorio que me hacía Riker y no decía ni media palabra, solamente me miraba intensamente. Al finalizar la entrevista, en la cual yo no había salido muy bien parado, por mi desconocimiento de los temas financieros, estaba seguro que me habían dado el trabajo, pues se estableció una especie de conexión química entre los dos difícil de explicar. Kanayama fue un verdadero amigo, y cuando lo trasladaron al Japón nos seguimos comunicando.

El japonés es, por naturaleza, desconfiado y antisociable, sólo cambia después de muchos años fuera de su país. Por suerte ese fue el caso de mi máximo jefe Toshio Mori (CEO) que se había pasado como veinte años entre Londres y New York. Era un tipo simpático y mujeriego, que tenía su esposa en Japón y su querida en New York, y cuando viajaba yo lo tenía que aguantar para que no fuera a buscar una prostituta. Un día en Buenos Aires me dijo algo rarísimo: "Carlos, no sé si tú sabes que el precio de una prostituta en los distintos países es el mismo que el de un par de zapatos".

Mi jefe inmediato era un enano maldito, con un gran complejo. Era tan chiquitico que cuando se sentaba los pies no le llegaban al suelo. Me tenía mucha envidia, pues yo viajaba con los CEO, y no le hacían el menor caso, pues no sabía nada de Latinoamérica. Susuki era listo, dominaba bien el inglés, pero Mori lo ignoraba, y más me odiaba el tipo. Los ejecutivos japoneses trabajan bajo una gran rivalidad, siempre tratando de demostrar que saben más que el otro. No existe una camaradería entre ellos.

Para mi sorpresa, todavía existe resentimiento por la guerra contra los Estados Unidos, y sobre todo se notaba todos los 7 de diciembre, cuando se recordaba ampliamente por la televisión el ataque a Pearl Harbor. Todo esto salió a relucir durante la Guerra del Golfo, algunos americanos pusieron sus banderitas americanas en los escritorios, y los japoneses pasaban sin hacer comentario, pero se les quedaban mirando. Las banderitas fueron desapareciendo poco a poco, menos la mía, que con ese machismo que me caracterizaba, había colocado en mi oficina una enorme en la pared, alegando que yo tenía un sobrino en la Operación Tormenta del Desierto. Otro grave error.

Viajé en cuatro ocasiones a Tokio, una ciudad completamente reconstruida, pues había sido destrozada por los bombardeos durante la guerra. Hoy en día es una ciudad moderna. Yo diría que es una New York, pero sin los rascacielos, y con todas las comodidades, como excelentes restaurantes y hoteles, pero no es Japón.

El verdadero Japón está en Kyoto, a unas tres horas de Tokio, por el *bullet train*, que siempre sale exactamente y llega a la misma hora señalada. Ahí es donde se ve la cultura del Japón, sus templos impresionantes y sus jardines maravillosos. (Conste que no estoy en el negocio de agencias de viajes).

Un tema interesante es ¿qué es una geisha? Hay una gran confusión sobre las funciones y actividades de estas mujeres. Todavía existe la creencia de que son prostitutas. Parece que sí lo fueron en su origen, pero fue hace mucho tiempo. En esta época las geishas se encargan de entretener y agradar a los asistentes a una reunión o banquete. Una comida en un restaurant de primera, con geishas, para un grupo de diez personas, cuesta alrededor de $3000.00.

Lo que estoy afirmando, me consta, por la comida que ofreció Nikko a un grupo de funcionarios y empleados del Ministerio de Hacienda de Barbados, que yo llevé a Tokio a firmar la emisión de un bono japonés. La comida no se acababa nunca. Nos traían platos y más platos, y entre uno y otro, tomábamos zaqui, y poco a poco todo el grupo se emborrachó. Las geishas tocaban el arpa y trataban de agradarnos. Había una en particular, muy atractiva, que le llamaban Micky. Bueno, se acabó la cena, y a dormir la borrachera.

Al día siguiente por la mañana me llama Watanabe San (señor), y sonaba muy alarmado, parece que uno de los del grupo de Barbados había preguntado por Micky para invitarla a salir, y el dueño del restaurant estaba indignado; y me pidió por favor que le dijera al señor que con mucho gusto ellos le pagaban la visita a un *Turkish Bath*, pero que no llamara más al restaurant. Eso se acostumbra hacer en el Japón por las compañías, para entretener a los clientes.

En 1991, después de una angina de pecho que terminó en la sala de operaciones del Mercy Hospital de Miami, en la que me colocaron cuatro *bypass*, aprovechó el enano para retirarme, y afortunadamente, después de un proceso legal a mi favor, me establecí de nuevo en el cementerio de los elefantes...

HONOR
A QUIEN HONOR MERECE

ENRIQUE (KIKIO) LLANSÓ
EPD

Por Mariana Llansó
Hola Carlos
Kikio comenzó a trabajar con la CIA en Enero de 1960. En Agosto de 1960 nos sacó a mi mamá y sus cuatro hijos (Jorge y Carlos nacieron en el 62). Hizo por lo menos 65 viajes para llevar armas, municiones y equipos de infiltración. También sacó a 96 personas (incluyendo mujeres y niños del Escambray).
Después del desastre de Bahía de Cochinos, continuó trabajando para la CIA en Costa Rica, donde habían campos de entrenamiento. Tengo entendido que eso duró hasta principios del 64. Su contacto en la CIA era Clarence Connors quien, en cuanto mi papá estaba de nuevo en aguas internacionales, no importa la hora, él llamaba a mi mamá para que supiera que estaba fuera de peligro.

Se aseguró que sus hijos supieran bien la Historia pero nunca la de él personal. Nos llevaba a la casa de la Brigada 2506 y a mí me llevó a varias reuniones del MRR. Yo me enteré de más cosas de mi papá por Danilo Gómez (el chofer de Francisco), quien trabajaba en Dow Venezuela conmigo, que por mi propio papá. Me acuerdo que Danilo me dijo que conoció a mi padre con una ametralladora en mano una noche que unos comunistas los trataron de emboscar cuando desembarcaron en una playa y que Kikio era el hombre de más sangre fría que el había visto en su vida. Ya tu sabes como se puso mi papá cuando se lo conté.

Me acuerdo que cada vez que le preguntaba sobre sus viajes me hacía cuentos de los demás: Francisco, El Mejicano, Cosculluela, Monty Guillot y otros, por eso nunca quiso que se le hicieran homenajes, decía que habían tantos, tantos más que fueron héroes verdaderos.

Ojalá hubiera sabido antes sobre tu libro, ya que en algún lado tengo guardadas las pocas páginas que quedaron de sus recuerdos. También me sé algunos cuentos de memoria, mi favorito: Un día Kikio llegó a Key West y le dijeron que ese día ya no tenían misión. Da la casualidad que uno de los tripulantes del Capitán Cosculluela se había enfermado y el Capitán le pidió a mi papá que fuera. La misión era muy importante porque llevaban al leader de la resistencia, al anterior lo habían fusilado días antes. Probando las armas antes de llegar a la costa cubana, una bala defectuosa calibre 50 explota y hiere al Capitán Cosculluela. Cosculluela le pide a mi papá que tome el mando. Mi padre se da cuenta de que el Capitán está muy mal herido, le pone un torniquete y aborta la misión. Cosculluela se desangraba pero decía que su vida no era nada con la misión que tenían que cumplir. Tremendo ¿no?

TONY CUESTA

TONY CUESTA

El retiro, añorado por los americanos, es mortal para los cubanos que queremos trabajar hasta el último día de nuestra vida. ¿Y ahora, qué me voy a hacer? -me dije-. Siempre está el real state, o un negocio viajando. Los probé los dos, sin un resultado satisfactorio, así que me dediqué a Cuba, que no me la quitaba de la cabeza, pues ya esto no era un exilio sino un destierro más.

¿Qué se puede hacer en Miami por Cuba? Poco, pero es mejor que nada. Así que estuve analizando la situación del momento y quiénes eran los líderes a seguir, y cuáles las organizaciones anticastristas de Miami.

Primero que todo, me enteré que Tony Cuesta, a quien conocía de Cuba, estaba en Miami. Me recuerdo cuando practicábamos natación juntos en la piscina del Vedado Tennis Club, era un tipo grandón, de muy buen físico y noblote. Después de las prácticas nos quedábamos conversando y simpatizamos mucho, él creo que nadaba por el Círculo Militar, pero practicaba en el Vedado Tennis, lo cual indica la camaradería que existía entres los clubes deportivos en Cuba.

Tony, con una historia anticastrista increíble, pues en uno de sus numerosos viajes a la Isla, haciendo sabotajes e infiltrando personal, se tuvo que enfrentar con un guarda costas cubano a tiros de ametralladora, con el resultado de que su tripulación fue abatida, muriendo sus compañeros. Quedó él, gravemente herido, y decide suicidarse antes que caer preso, explotándose una granada en la mano, lo que lo dejó ciego y manco. Después lo recogieron del mar y estuvo preso por doce años. Posteriormente, por presión internacional, fue liberado en 1978.

Tony era el jefe de los Comandos L, que acababan de hacer un desembarco en Cuba, donde murieron tres de sus integrantes combatiendo. Así que conseguí su número de teléfono y lo llamé. Recuerdo aquella conversación:
—Tony, te habla Churri García Ordóñez.
—¿Qué tal, Churri, cómo estás? Hace años que no te veo.
—Bien. Quisiera ayudarte. ¿Cuándo puedo ir a verte?
—No –dice Tony-, yo te voy a ver a ti.
Le di mi dirección y nos citamos en una pequeña oficina que yo tenía en Ponce de León. Él llegó guiado por José Enrique Dausá, su íntimo amigo y compañero de combate.

Entonces, mi oficina se convirtió en la sede de los Comandos L. Después de las seis de la tarde nos permitían usar un salón de reuniones. Era un grupo compuesto por unas ocho personas, entre las que se encontraba Tony Blair, su compañero de prisión en Cuba.

Blair, que perteneció a los *Black Panthers*, (Panteras Negras), se había robado un avión y lo forzó a aterrizar en la Habana. Fue a parar a la cárcel y se convirtió en ayudante y guía de Tony Cuesta. Logró que las autoridades le perdonaran el delito de *"high jacking"*. El negrito era un guapo probado.

A pesar de ser un grupo de grandes méritos, los Comandos L estaban completamente desorganizados y no tenían un dólar. Yo estuve de tesorero un tiempo y comenzamos a escribir listas y a escribir cartas pidiendo dinero, y se organizaron algunas fiestas en Hialeah, y recaudamos algo.

Tony murió unos meses después, y tuvo un entierro a todo meter, con gran asistencia del exilio. Recuerdo que comenté con un miembro de los Comandos L que a Tony le enviaron una gran cantidad de coronas, con un valor mucho mayor que todo el dinero que pudo reunir para su causa..

Orlando (Bebo) Acosta E.P.D.

Después de la muerte de Tony Cuesta, Bebo me llamó para que me incorporara a su pequeño grupo que se mantenía activo con planes de hostigamientos a la Isla, lo cual hice con mucho gusto ya que Bebo, otro de los Héroes anónimos de la causa anticastrista, tenía, como Tony, un gran record de actividades militantes contra el régimen, habiendo participado en numerosas incursiones a Cuba junto a Kikio Llansó como miembros del MRR.

Bebo Acosta había sido junto conmigo miembro de la tripulación del PC 2506 MRR; Francisco, que formó parte de los planes de la Invasión de Bahía de Cochinos, pero fue arrestado y confiscado por las autoridades americanas, por orden del Departamento de Estado, impidiendo su participación.

A pesar de todo su historial como combatiente, Bebo no era considerado Brigadista, como consecuencia había sido impedido de votar en las elecciones de la Directiva de la Brigada.

En 1996, durante la presidencia de mi buen amigo Pepito Miró, Bebo y yo hicimos las gestiones pertinentes para que se aceptaran como Brigadistas a todos los tripulantes del PC 2506 MRR por el hecho de haber estado movilizados y dispuestos a participar en la Invasión. Hacía falta alguna documentación al respecto, así que se realizó una investigación sobre el asunto, apareciendo una lista de la CIA con todos los nombres de la tripulación y el asunto fue solucionado.

Unos años después Bebo Acosta fallece, después de dedicar todo su exilio a la causa, tal era su obsesión con la libertad de su Patria, que recuerdo sus últimos días en el Hospicio del Mercy Hospital, cuando lo visité, y cuando me vio se sonrió y me saludó militarmente y me dice: "Hay que reunir al grupo rápidamente. Hay que hacer algo".

Raúl (Boom-Boom) López. E.P.D.

No se puede escribir sobre los hombres que contribuyeron en cierta forma a combatir el régimen castrista, sin mencionar a mi amigo y compañero futbolista del VTC Raúl López, más conocido en el exilio como "Boom-Boom", por su pericia profesional, que tenía con la dinamita que utilizaba en su trabajo de construcción.

Además de su conocimiento de cómo utilizar la dinamita para fines pacíficos, su verdadero interés era usarla e infiltrarla en Cuba, para lo cual, con el grupo de Bebo Acosta se planeó un viaje a un lugar en la costa norte donde se pudiera entregar a la poca resistencia que existía en ese momento.

Yo no tenía conocimiento del proyecto, cuando Raúl me llama por teléfono una mañana del mes de junio de 1999 y me dice que quería verme urgentemente, en un *warehouse* de la 72 avenida, donde tenía que enseñarme algo que me iba a interesar, y que necesitaba mi ayuda.

Con muy pocas ganas y por complacerlo acudí a la cita en el warehouse, él me estaba esperando en la puerta y con mucho sigilo la abrió. Frente a mí veo una balsa de mediano tamaño con un motor outboard (fuera de borda) montado en un trailer. Me quedo esperando que me diga algo, pensando: "¿Para qué carajo me llama este tipo tan temprano para ver una lanchita?". Se vira y me dice:

—En esta balsa me pienso ir a Cuba con un navegante y otro miembro de Alfa 66, cargada de dinamita, para entregarla a la resistencia.

A mí me dio pena decirle a mi amigo que estaba completamente loco, y le seguí la corriente y le pregunto:
—¿Y cuándo va a ser la operación?
Me dice:
—No te preocupes, ya te avisaré para que nos lleves a Marathón, pues necesitamos un automóvil más. Ahora me la pienso llevar a la bahía de Biscayne a practicar cómo subirme a la balsa, por si nos agarra una marejada.

Bueno, no hay duda que el tipo está "tostado", pero en el fondo no se puede discutir su increíble valor –pensaba-, pero espero que no me llame.

Pasaron varias semanas y Raúl no me llamaba, y yo pensando: "¡Me salvé!" Pues lo único que me faltaba, con la neura que yo tenía, era caer preso, capturado en Marathón con un barquito cargado de dinamita. Hasta que un día aciago del mes de julio de 1999, rin... rin... Un instinto especial me estaba diciendo que no escapaba; precisamente era mi amigo Raúl López:
—¿Qué pasa Churry, cómo andas?
—Dime, ¿cuándo es la operación?

—Pasado mañana. Me hace falta que me vengas a buscarme a mi casa, a las 6:30 a/m.
—¡Coño, pero no puede ser más tarde!
—No, porque queremos llegar a Marathon antes de las diez y evitar el tráfico.
—Está bien. ¡Cómo tú jodes!

Bueno, me aparezco un poco tarde en casa de Raúl (no me acuerdo de la dirección), y ya me estaba esperando con todos los preparativos. Lo que no me había dicho era que mi carro no era para llevar gente sino para llevar la dinamita. Él tranquilamente, como si fuera los *groceries* de la semana, me llenó el baúl de dinamita, y me dice:
—Dale, que estamos tarde.
—Pero ven acá, chico, ¿eso no puede explotar?
—No creo, pero trata de no coger baches... por si acaso; y maneja despacio. Y no se te olviden los STOP signs, no vaya a ser que aparezca la policía.

"Así que no cojas baches... Maneja despacio y no te olvides de los STOP signs. ¿Quién carajo me metió en esto?"
Bueno, partimos para Marathón, y a pocas cuadras veo atrás otro automóvil con tres individuos (uno de ellos que reconocí era mi amigo Jorge Tarafa, que iba a actuar de navegante), que remolcaban un trailer con la balsa y su motor). Yo manejando despacio todo el tiempo pensando en las instrucciones de mi amigo y esperando explotar en cualquier momento. Espero que me puedan identificar.

Bueno, la procesión parecía la de un carro fúnebre para el cementerio, con los automóviles que me venían siguiendo fotuteándome, pero yo no me apartaba de las instrucciones, hasta que por fin entramos en el 7 miles bridge, y llegamos a nuestro destino: unas millas antes de Marathón.

El plan era que Raúl y yo descargáramos la dinamita del otro lado del puente (Sur), donde no nos veían, y el otro carro con la balsa se iba a parar más adelante a esperar que nosotros regresáramos, para que ellos llevaran la balsa al lugar del desembarco, donde habíamos dejado la dinamita.

Todo parecía perfecto, hasta que, cuando llegamos a reunirnos de nuevo con ellos, veo un carro del Highway Patrol, y dos patrulleros conversando con ellos. Me olió a cárcel, pero ya era muy tarde para salir huyendo, así que nos acercamos a captar la situación. Resulta que Jorge les dijo que se habían quedado sin gasolina, y en el momento que llegamos nosotros los patrulleros los estaban ayudando con un contenedor a llenarles un poco el tanque. Respiré profundo cuando los vi arrancando y perderse de vista.

Faltaba el desembarco. Volvimos al lugar debajo del puente donde habíamos dejado la dinamita y rápidamente se puso la balsa con su motor en el mar, se cargó con la dinamita y sus tres pasajeros; el motor arrancó sin problemas, el mar como un plato, perfecto para una regata de remos, y ahí me quedé yo un largo tiempo, mirando con admiración a estos tres locos hasta que desaparecieron en el horizonte, luego me puse a pensar: "No, no son locos. Son patriotas. Y es una lástima que no existan más como ellos".

Nota:
Esta operación, y otras locuras similares, fueron financiadas por mi inolvidable amigo Mochín Lorido E.P.D., quien siempre respondía cuando lo llamábamos para pedirle dinero. Un gran cubano de corazón y alma, que siempre estaba pensando en Cuba, y nuestra conversación de amigos siempre acababa en lo mismo: Nuestros recuerdos de la juventud durante las temporadas de remos, y cómo nos divertíamos de solteros en la jodedera cubana. Cuando me hacía un cheque me decía: "No te hago ni uno más, por comemierda vas a caer preso".

ROBERTO MARTÍN PERÉZ, nació en Santa Clara, Cuba, el 11 de agosto de 1934. En un intento por poner fin al régimen de Fidel Castro, participó en la fallida conspiración de Trinidad (1959) por lo que fue condenado a pena de muerte. Posteriormente esta sentencia fue conmutada a 30 años de prisión de los cuales cumplió 27 años y 10 meses en calidad de preso plantado sufriendo los rigores de la feroz dictadura castrista.

Durante su largo cautiverio en el *Gulag Caribeño,* sus poemas sacados hacia el extranjero fueron publicados en importantes revistas literarias. El poemario *De la sangre de otras venas* (Playor 1984) obtuvo el premio José Martí, otorgado por el Comité de Intelectuales y Escritores Libres de Oposición (CIELO) presidido por el dramaturgo español Fernando Arrabal compuesto por prestigiosos intelectuales.

Fue fundador en presidio de la Asociación de Poetas y Escritores Libres de Cuba (APELCU). Están en vías de publicación *Aún sigo tirando de la noria* y *La perenne obsesión de un hasta luego.* Reside en los Estados Unidos, manteniéndose activo en el campo de los derechos humanos, ofreciendo conferencias en foros nacionales e internacionales. Actualmente está escribiendo un libro de memorias sobre sus experiencias carcelarias.

Logró su libertad el 29 de mayo de 1987, tras una intensa campaña internacional, por ser él, el preso político plantado más antiguo del hemisferio.

Ofelia y Manuel Puig con sus hijos (de izq.) Claudia, Mónica, Carolina y Manuel Enrique.

Foto tomada aproximadamente un año antes de su fusilamiento.

MANUEL (ÑONGO) PUIG MILLAR

Manuel (Ñongo) Puig, nació el 10 de Agosto de 1924 en Santiago de Cuba, Oriente. Allí vivió sus primeros años y cursó su primera enseñanza. Al mudarse su familia para la Habana, procedió sus estudios en el Colegio de La Salle, donde se graduó de Bachiller. Se destacó como atleta, primero en el Equipo de Foot Ball de la Universidad de la Habana y después como remero del Havana Biltmore Yacht Club, donde fue ganador de múltiples regatas y formó parte de la canoa vencedora que fue representando a Cuba, por primera vez a las Olimpiadas de Londres en 1948.

En 1949 contrajo matrimonio. Trabajó varios años en la venta de licores como representante del Whisky Seagrams en Cuba y con la firma Distribuidora Manzarbetia y Cía.

Manuel tenia cuatro hijos que tenían respectivamente 2, 4, 6 y 8 años. Cuando murió fusilado en La Cabaña el 20 de Abril de 1961, tenía 37 años.
Como todo jóven idealista que ama a su Patria, Manuel seguía con interés el proceso de avance politico y social de su país. Grande fue su frustación y enojo cuando dos meses de una nueva elección se produce el Golpe de Estado del General Fulgencio Batista. Poco después su enojo se convirtió en acción y comenzó a trabajar en actividadres clandestinas.
Como muchos otros jovenes con ideales, Manuel creyó en las falsas promesas que Fidel Castro predicaba desde la Sierra Maestra.
Vino el triunfo de la Revolución y, la acogió con esperanza. Muy pronto vino su total desilusión y convencido que todo lo que Castro dijo era mentira, se envolvió de nuevo en el clandestinaje, esta vez en contra de la tiranía de Castro y su régimen totalitario.
Trabajaba en un grupo de militares opositores, cuando un informante que estaba infiltrado, los delató y hubieron varios arrestos entre ellos su hermano Ramón, que luego cumplió 15 años de presidio. Manuel al verse perseguido, tuvo que abandonar el país de inmediato.
En cuanto llego a Miami, se inscribió en la Brigada 2506, convencido de que la solución militar era la mas acertada para terminar con esa terrible pesadilla. Después de varios meses de entrenamiento se ofreció de voluntario en los grupos de infiltración. Al terminar esta ultima fase del entrenamiento, desembarcó clandestinamente en Cuba junto con otros brigadistas, con la misión de organizar la resistencia interna que cooperaría con la inminente Invasión de Bahía de Cochinos.
En una de las reuniones que tuvieron con varios líderes de la resistencia interna, para coordinar distintas acciones que se llevarían a cabo, la casa fue allanada por la Policía Secreta (G2). Manuel fue arrestado junto con su esposa Ofelia (que también trabajaba en el clandestinaje) y varios de los líderes de la contrarrevolución. Esto fue un duro golpe para el clan-

destinaje que en aquel entonces se hallaba fuerte y bien organizado .Todo esto ocurrió pocas semanas antes de la. Invasión. Un mes después fueron juzgados Manuel y su esposa y el resto del grupo. El Juicio avisó una hora antes de celebrarse, sin tiempo para abogado, ni la debida preparacion legal. Duró 14 horas y fue un circo, más burdo aún que el de Arnaldo Ochoa (pues no habían cámaras de TV)
Fue como han sido todos los juicios revolucionarios: una burla a todo lo que representa el sistema judicial. Al terminar se pronunciaron las SIETE sentencias de muerte.
Se leyeron los nombres:

MANUEL PUIG MIYAR
DOMINGO TRUEBA VARONA
HUMBERTO SORÍ MARIN
RAFAEL DIAZ HAZCOM
ROGELIO GONZALEZ CORSO
NEMESIO RODRIGUEZ NAVARRETE
EUFEMIO FERNANDEZ ORTEGA

Amarrados de pies y manos, a los condenados los marchan hacia La "Capilla de la Muerte", donde esperan ser llevados al paredón esa misma noche, uno a uno.
Ofelia que de nuevo iba a ser trasladada a prisión, con las otras presas, intentó acercarse a él para despedirse, pues sabía que no volvería verlo más nunca, fue impedida por los guardias con las ballonetas y obligada a subirse al camión en el que se le retornaba a la prisión.
Todos fueron ejecutados esa madrugada del 20 de Abril de 1961. Su esposa Ofelia Arango de Puig, quien es Directora de "M.A.R. Por Cuba" ha seguido y seguirá luchando por su patria y no cejará, hasta ver convertidos en realidad los ideales de Libertad, Democracia y Justicia, por lo que su esposo dio su vida.

RAMON PUIG MILLAR

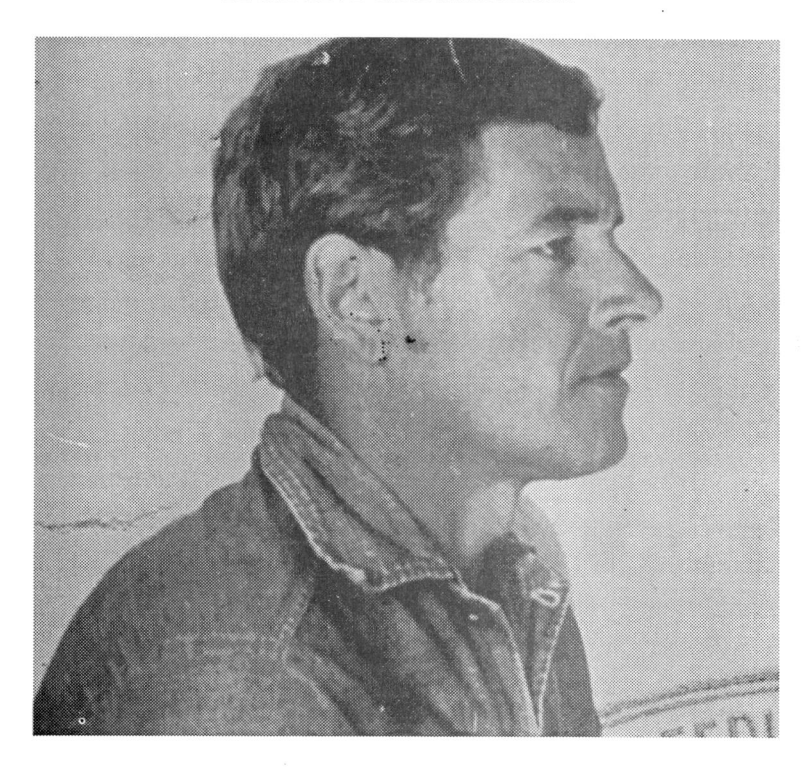

Foto de Rino en Prisión Sandino en 1970

Fue arrestado en la mañana del 22 de Octubre de l960. Inicialmente fue llevado al Cuartel de Columbia y a los pocos días fue trasladado a la Prisión de la Cabaña. Fue acusado de conspirar contra los Poderes del Estado y juzgado a finales del año 1960. El Fiscal solicitó nueve años de condena pero el Tribunal no creyó que fuese una sentencia adecuada y la aumento a quince años de prisión. A principios de 1961 fue trasladado a la Prisión de Isla de Pinos en donde como la mayoría de los reclusos que ahí se encontra.

ban hacinados, fue obligado a trabajo forzado en el campo. Permaneció en este reclusorio hasta principios de 1967 al ser clausurada como Prisión Política el Gobierno se dio cuenta que tenía que destruir la unión de los presos y los despertigó por toda la Isla. Fue enviado a Sandino en los confines de la Provincia de Pinar del Río, al cabo de unos años fue trasladado al Castillo del Príncipe, posteriormente a la Cabaña y finalmente a Melena del Sur donde cumplió el resto de su condena y puesto en libertad el 22 de Octubre de 1975 habiendo cumplido los 15 años en su totalidad. Después fue obligado a trabajar en la construcción por un período de dos años y logró salir de Cuba vía España el 31 de Diciembre de 1977. En Marzo de 1983 tuvo el grandísimo honor de recibir un certificado de los "Green Berets" por su participación a favor de la Libertad de Cuba.
Rino Puig fue un gran deportista y participó como .
Remero en las Olimpíadas de Londres en 1948.

EDUARDO (EDDY) ARANGO

Cayó preso en la primera conspiración
contra el régimen castrista en 1959.
Fue condenado a 6 años de prisión
en 1960. Cumplió 5 años
Su esposa Madie López Guerrero
lo esperó todo ese tiempo en Cuba.
Fue líder estudiantil en la Universidad
de Villanova y LSU.
Abogado de profesión hizo su riválida en la
Florida donde ejerció su profesión por
25 años. Fue Director y Presentador en el
Canal 51 y anteriormente fue parte del
Noticiero del Canal 23 TV.
Gran deportista y se destacó en Remos (HYC)
y football americano con el VTC.

HUMBERTO CORTINA

Brigada 2506
Jefe del Comm del Bon 2
US Army Lt Special Forces
Vice Administrador City of Miami
Miembro Cámara de Representantes del Estado de la Florida.
Programa de radio WQBA
"Conversando con Humberto Cortina "
Graduado de la Universidad de la Florida,
Mas conocido como "el Bon Bon" Cortina

RAMON MESTRE y GUTIEREZ

Ex preso politico.Causa # 3 1959

Condenado a 20 años de prisión por conspirar contra el régimen castrista el 8 de agosto de 1959, cumpliendo 19 años y sale el 17 de Agosto de 1978, o sea desde los 31 años hasta los 51 años cumplidos, habiendo perdido sus mejores años de su vida en prisión.
Como constructor rehace su vida en Miami en compañía de su esposa Carmina Truebas de Mestre que como su esposo también fue condenada a 20 años de prisión habiendo cumplido 14. Su hijo Ramón es un ejemplo de la cubanía de su padre y nos honra como Escritor Columnista del Nuevo Herald. Ramón Mestre es conocido en el exilio por su modestia e integridad personal y patriótica. También es reconocido como el muchacho que le dio una paliza a Fidel Castro en el Colegio Belén.

Sobre el tema Fidel que todavía está acomplejado con la golpiza que le dieron comenta sobre el asunto con Norberto Fuentes (La Autografía de Fidel Castro): "Según todos los autores yo perdí la bronca con Ramón Mestre. No es cierto. Pero yo no voy a reivindicar ahora la victoria de una pelea de la que no existe registro fílmico. En realidad no pasó de ser una pelea menor entre muchachones de estudios secundarios y finalmente le costó a Mestre una veintena de años de cárcel apenas triunfó la Revolución y pude echarle el guante. Fue un gesto absoluto de poder de mi parte y como tal debo asumir que lo disfruté a plenitud."

Mas adelante en su narración dice que "Mestre era más grande y más fuerte que él" lo cual se comprueba que Fidel que además de cínico, es un mentiroso, pues Mestre cae preso por conspiración y no por haberle dado un trompón y además, puedo constatar que lo conocí personalmente durante esos tiempos, que Fidel a los 16 años era muy alto y muy corpulento para su edad.

MIS EXPERIENCIAS EN LAS CÁRCELES CASTROCOMUNISTAS

Por Carmina Trueba de Mestre

Los Trueba somos anticomunistas desde que nacimos. La Guerra Civil Española marcó mi vida, la de mis padres y la de mis hermanos. La pasamos en una zona ocupada por los rojos, luego pasamos a Francia y salimos en un barco hasta llegar a Cuba. Cuando éramos mayores nuestros padres se encargaron de transmitirnos el significado y la realidad de lo que habíamos vivido.

En enero de 1959 un coronel español muy querido, al ver la paloma posada en Fidel nos dijo: "Esto es comunismo, preparen las maletas". Ya estaba consciente de lo que nos esperaba. La llamada "Revolución" pretendía arrebatarnos nuestros principios expresados en la consigna: "Dios, Patria y Libertad". A partir de ese momento comencé a conspirar contra la dictadura castrista. El 18 de marzo de 1961, almorzó en mi casa Rogelio González Corvo. Rogelio era conocido como "Francisco" (su nombre de guerra). Este hombre excepcional era el Jefe de la oposición clandestina contra el régimen comunista.

Esa tarde se reunió con mi primo hermano Mingo Trueba (esposo de Marta Couce) y con Manuel «Ñongo» Puig (esposo de Ofelia Arango). Ellas se graduaron conmigo en el Cerro en 1946. Domingo y Ñongo también eran Líderes de la resistencia anticastrista junto con cinco más incluyendo a Rogelio. Detuvieron a los siete y tras un juicio sumario fueron fusilados un mes después. Todos murieron gritando "Viva Cuba Libre", "Viva Cristo Rey".

Esos días de prisión, juicio sumario y muerte me conmovieron tan profundamente que su lucha se convirtió plenamente en mi lucha hasta que caí presa el 26 de Diciembre. Me condenaron a 20 años de prisión.

El Presidio fue terriblemente duro. Fue una prueba muy grande mi madre murió el 24 de Octubre de 1965. Si, me llevaron a la Funeraria tres hombres vestidos de verde olivo y armados con ametralladoras. Esa noche cuando regresé a los calabozos del G2 únicamente sobreviví gracias a mi fe y formación religiosa tallada en el Sagrado Corazón. .

En prisión estuvieron conmigo Bebita Alonzo, Albertina O'Farril y Lolín Correoso quien murió de cáncer, poco después de salir de la cárcel. Con muchas presas políticas, recé rosarios oí misas, y di la comunión que entraba clandestina al presidio. Pude consolar, llorar y rezar con aquellas mujeres, muchas de las cuales no tenían la oportunidad de conocer a Dios. Me di verdadera cuenta de todo lo que había recibido en mi vida y di gracias por todo hasta por haber estado presa. Sembré café y caña con el fin de salir y cuidar a mi padre. El estaba solo y enfermo. Fue un gran padre y merecía todos mis sacrificios. Papá murió en 1978.

En 1979, el entonces Presidente Español Adolfo Suárez intervino para lograr mi salida de Cuba. Abandoné la Isla en un avión de la Fuerza Area Española, llegué a Madrid donde me estaban esperando mis hermanos. Hace 24 años que vivo en Miami. Confío que el Señor me permita ver a Cuba Libre. Sólo le pido que me de salud para llegar al Cementerio Colón por mis pies y no en cenizas.

DOMING0 (MING0) TRUEB A E.P.D.

Uno de los Directores principales del clandestinaje en Cuba.
Fue fusilado junto sus otros seis compañeros el 20 de Abrl de 1961 Truncaron su vida los asesinos de Castro a la edad de 33 años.
Murió gritando: "Viva Cuba Libre", "Viva Cristo Rey"

Arquitecto Enrique Ovarez. Presidente de la FEU (1946-1950)
Miembro del Ejecutivo de la U.I.E. Oficina Central de Praga en Checoslovaquia (46-47)
Participó en el Primer Congreso Mundial de Estudiantes en 1946.
Presidió la primera y única Asamblea Constituyente de la Universidad de la Habana. Participó como Presidente de la FEU en los acontecimientos en Bogotá, Colombia más conocidos como el "Bogotazo". Ex prisionero Político de los primeros condenados en el año 60, cumpliendo 6 años en la Cárcel de Boniatos donde se negó a firmar el plan de rehabilitación.

CELESTINO BORRÓN

Ex preso político
Causa # 238/1961 Sentencia: 20 años. (Cumplió 19)
Preso en:
Seguridad del Estado (G2)
La Prisión de la Cabaña,
Presidio de Isla de Pinos
El Morro
Sandino #3 y #1
 Prisión KM 5 1/2
 Castillo del Príncipe.

GASTÓN FERNÁNDEZ DE LA TORRIENTE

Profesor "Emeritus Universidad de Arkansas".
Ex Presidente del Colegio de Abogados
de la Habana en el Exilio.
Exprisionero político.
Cumplió 3 años.

INGENIERO ERNESTINO ABREU HORTA

Viene luchando por la Libertad de Cuba desde el año 1959, fecha en que se fundó el Movimiento de Recuperación Revolucionaria MRR. Organizó la lucha clandestina en las provincias de Matanzas y Las Villas.
Construyó los campamentos militares del MRR en Nicaragua desde 1963 a 1965 donde se realizaron varias operaciones a Cuba.
Desembarcó por la Costa Norte de la Provincia de Pinar del Río el 16 de Mayo de 1988 a la edad de 73 años con un cargamento de armas y municiones. El día 28 del mismo mes fue tomado prisionero en las Montañas de Pinar del Río y sentenciado a 15 años de prisión. Cumplió 3 años y por presión internacional fue deportado a los Estados Unidos. Actualmente vuelve a presidir la Dirección Internacional de la Junta Patriótica Cubana.

CECIL M GOUDIE
EPD

A cargo del entrenamiento (CIA) de un grupo de combatientes en "No name Key" frente a "Big Pine Key" en 1960.
Terminado el entrenamiento, se traslada con su grupo a "Summerland Key", con la llegada del primer barco: "El Polo" para realizar operaciones donde permanece aproximadamente dos meses en entrenamiento físico.
Al arribo del segundo barco "EL Barbero", traslada su personal a "Big Pine Key" y con los dos barcos a su mando, brinda apoyo al movimiento insurgente realizando numerosas incursiones a la Isla.
Durante la Invasión de Bahía de Cochinos dirigió varias misiones de transporte y abastecimiento de los teams de infiltración. Posteriormente, después del fracaso de la misma, lograron sacar a varios miembros de la Brigada 2506.
Al cese de las operaciones navales Cecil continúa con la CIA entrenando grupos de infiltración hasta 1967.
Cecil fue un gran deportista y un excelente coach de Foot ball americano en el VTC. Lo extrañamos.

CAPITÁN RENÉ CANCIO

Brigada 2506 Marina
Ex Capitán de Corbeta de la Marina
de Guerra de la República de Cuba
desde 1960 hasta 1966 realizó 98
viajes y 176 misiones contra el
régimen castrista.
Al mando de varias embarcaciones
realizó numerosas operaciones en la Isla
con resultados positivos.
En el año 1982 fue designado por la CIA
como asesor militar para luchar contra las
guerrillas comunistas en el Salvador y
Honduras y cooperando con los "contra"
en Nicaragua.
Actualmente es miembro de la Junta Directiva
De la Brigada 2506.

LUIS CRESPO
Héroe anónimo

Perteneció al Movimiento Montecristi y 30 de Noviembre.
Intento de alzamiento en El Escambray
En Noviembre del 62 ingresó en el Ejército EE.UU Fort Knox.
1963-64 CIA misiones terrestres y navales a Cuba.
1969-1973 Instructor de Paracaidismo .
1970- 1978 Cárcel en tres ocasiones distintas por actividades patrióticas
1980-2004 Al servicio de la Libertad de Cuba
Maestro Masón Grado 33.

BEBO ACOSTA (EPD)

Brigada 2506 Marina. Como miembro del MRR Efectuó numerosas incursiones a Cuba infiltrando personal y armas a la resistencia antes y después de la Invasión. Posteriormente organizó su propio grupo y continuó luchando por la causa hasta su fallecimiento.

JOSÉ (PEPITO) MIRÓ TORRA

Brigada de Asalto 2506
Batallón 2 Infantería
Radio Operador
Compañía de morteros
Ex Presidente de la Brigada 2506
Presidente del Colegio de Abogados
de la Habana.

JOSÉ IGNACIO MACÍA Y DEL MONTE
EPD

Brigada de Asalto 2506
Miembro de la Jefatura de la Brigada. Víctima en la plenitud de su vida del asesino Osmanis Cienfuegos, al morir asfixiado en la fatídica Rastra que lo transportaba a la Habana. José Ignacio era el atleta más completo de su época habiéndose destacado en Ridley College Canadá, como gimnasta, nadador, track and field y football canadiense y posteriormente en natación en Cuba. Pero su gran deporte y delirio era la Pesca.
En la foto aparece representando a Cuba, como parte del team Campeón en las Competencias de la Pesca de la Tuna en Nova Escocia 1954.

FERNANDO SÁNCHEZ MACÍA

Brigada de Asalto 2506
Batallón de Armas Pesadas
Radio Operador
Escuadra Mortero 4.2

JOSE ENRIQUE DAUZÁ BRIGADA 2506.

Después de participar en el movimiento clandestino contra la dictadura de Fidel Castro, salió de Cuba para alistarse en enero de 1961 con las fuerzas que formarían la Brigada de Asalto 2506. Al fracasar la Invasión logró escapar en un bote de 16 pies junto con otros 21 Brigadistas. Sólo diez sobrevivieron en los quince días que estuvieron a la deriva en el Golfo de México. En septiembre de 1961 se unió a la Operación "Mongoose" financiada por el Gobierno de Estados Unidos para continuar la lucha por la Libertad de Cuba. Posteriormente trabaja con la CIA en Bolivia combatiendo a la guerrilla que comandaba el Che Guevara. De vuelta en Miami colaboró con Tony Cuesta y sus Comandos L en las últimas operaciones que se realizaron en Cuba.

RAFAEL MONTALVO
Brigada de Asalto 2506
4018
Ingresa a los campamentos
a los 18 años. Batallón 2. Compañía G
Fusilero

JOSÉ IGNACIO SMITH
EPD

Brigada 2506 Ingresó en los campamentos a la edad de 18 años. Batallon 6. Ametralladora 30

HUMBERTO ARGUELLEZ FIALLO

Brigada de Asalto 2506 # 3232. Ingresó en los Campamentos de Guatemala a la edad de 19 años. Batallón 2. Compañía H Morteros.

ROBERTO P. PERKINS, P.A.

Brigada de Asalto 2506
Ingresó a los Campamentos
a la edad de 18 años.
Batallón 2 Morteros y Armas
Pesadas.

RAFAEL (TITO) DE LOS REYES

BRIGADA 2506
Batallón D 2
Compañía E
Primera Escuadra
Transportado a la Habana
en la fatídica rastra.

JOSÉ (PEPITO) BELTRÁN

Brigada de Asalto 2506
3196
Segundo en mando de los
Morteros y fusiles sin retroceso
57mm.

JORGE TARAFA

Brigada de Asalto 2506
Oficial de Enlace Fuerzas Aéreas
Batallón 2
Trasladado en el Houston.
Profesión: Capitán.

EDUARDO ZAYAS BAZÁN

Brigada 2506
Hombre rana. Marina
Profesor Emeritus
East Tennessee State University

TERCERA PARTE

SELECCIÓN DE MIS ARTÍCULOS, CARTAS Y OPINIONES
1991-2004

CAPÍTULO V

POR QUÉ NOS QUEDAMOS

Por triste que sea esta frase, creo que es el deber de cualquier escritor afrontar la realidad de la situación en que se encuentra, aunque su opinión no sea precisamente popular.

Después del fracaso de la Invasión de Bahía de Cochinos y la Crisis de los Cohetes, que fue prácticamente la tapa del pomo, no se ha realizado en cuarenta años ningún tipo de esfuerzo por los Estados Unidos por derrocar el sistema comunista que impera en nuestra Patria. Además, no se ha permitido, por motivo de la ley de neutralidad de este país, que una minoría de verdaderos patriotas realizara ningún tipo de agresión contra el régimen castrista.

Por otro lado, considero que el exilio es también responsable de que el tirano se haya mantenido en el poder por 45 años, colaborando con el régimen, viajando a la Isla, no sólo con el objetivo de ayudar a sus familiares, sino también como turistas, como es el caso de la nueva oleada de "exiliados" en los últimos años, que no tienen otra ideología que la de su subsistencia en este país.

LOS HÉROES DE LA LUCHA ARMADA

Después de una ausencia de diez años regreso a Miami desde New York, y me encuentro con una olla de grillos.

Entre los cubanos del exilio veo en Miami todo tipo de grupos políticos con aspiraciones: los que están con Bush, que nos promete no pactar con Castro (eso es todo), los que están en contra de la actitud de Busch y gritan: ¡Guerra! –y no hacen nada-. Los que no quieren saber de Washington, y los que piensan que Washington lo resuelve todo. Los que piensan regresar a Varadero solamente, y los que piensan regresar al día siguiente y abrir un McDonald.

Entre todos me quedo con Tony Cuesta, porque lo considero el único con la moral de no haber abandonado jamás la única solución, que es la lucha armada. Cuando la guerra interna y externa logre el objetivo de derrocar al régimen castrista, se podrá entonces hablar de elecciones, de candidatos, de medidas económicas y sociales, de recuperación de bienes, de una nueva constitución. Todo eso se resolverá en Cuba. Es absurdo que se toquen esos temas en Miami, y que algunos líderes se atribuyan el derecho de representar al exilio. ¿Quién los nombró?

Todos sabemos que dependemos de un golpe militar interno, ayudado por infiltraciones y actos realizados por héroes anónimos, que no esperan ninguna recompensa, solamente una Cuba libre.

En mi opinión, los más respetados para formar gobierno en Cuba, serán los presos políticos; los hombres de acción; la Brigada 2506 y los grupos del clandestinaje pasado y actual. Para los disidentes me parece un poco tarde, Olvidemos al socialismo que será poco a poco sustituido por el capitalismo, pero no olvidemos que el cubano es nacionalista, así que dudo mucho que un candidato de Washington sea aceptado por el pueblo cubano.

El Nuevo Herald
23 de mayo de 1992.

UNIDAD PARA LA ACCIÓN

Según Bush, Mas Canosa, y ahora un disidente recién llegado, Roberto Luque Escalona, Fidel se cae solo. Estos señores nos repiten constantemente que un día muy cercano se caerá por su propio peso, y porque no se puede nadar contra la corriente

El embargo y la presión internacional (¿qué presión?) el hambre (¿pasan hambre los comunistas?) harán que el régimen se desmorone súbitamente. Uno de estos días amaneceremos sin Fidel.

Eso sí, insisten en que hay que respetar la ley de neutralidad de los Estados Unidos, y al mismo tiempo, aconsejan a los grupos anticastristas que esperen pacientemente, reconociéndolos como "grupos importantes de una unidad patriótica".

¿Qué clase de unidad es esa? ¿Unidad para hacer qué? ¿Para esperar a que Fidel se caiga, y sólo entonces llegar, como héroes, a hacer negocios en Cuba? ¡Qué ilusos! La unidad que hace falta, es una unidad de acción, de todos los grupos militantes que sí estén dispuestos a jugarse la vida por la liberación de la Patria. Los cubanos tenemos el derecho de liberar a Cuba, sin contar con la ayuda ni el impedimento extranjeros.

El Nuevo Herald
Sábado 18 de junio de 1992.

GUERRA, LA ÚNICA SOLUCIÓN

"Guerra, la única solución", ha sido nuestro tema, cuando la mayoría de las organizaciones del exilio hablaban de la inminente caída de Castro por un colapso económico, motivado por el embargo, la presión internacional, el hambre, y finalmente, nuestra mentalidad absurda de que el gobierno de los Estados Unidos está comprometido a resolver nuestros problemas.

Ya es hora de que nos demos cuenta de que estamos solos y abandonados por la mayoría de los países latinoamericanos y del Caribe.

No habrá cambios políticos ni económicos en la Cumbre Iberoamericana. Con muy pocas excepciones, nuestros hermanos latinoamericanos siguen amparando a Fidel. Algunos, como México y Colombia, porque tienen terror de que siga ayudando a los guerrilleros marxistas que operan en ambos países; y los demás, por el famoso antiyanquismo que parece darles resultado en sus relaciones con los Estados Unidos.

Todos sabemos ya de sobra que el diálogo no funciona, sólo nos queda la guerra. Pero el problema es cómo hacerla, con un exilio frustrado y cansado de donar dinero a organizaciones anticastristas, ya que esos fondos no son suficientes para realizar un esfuerzo bélico significativo, que cause impacto en nuestros compatriotas.

Sin embargo, hay dinero suficiente en el exilio para hacerle la vida imposible al régimen castrista, con una guerra de hostigamiento que pueda ser la chispa de una insurrección interna, que tanto necesitamos, pues todo indica que la guerra es la única solución.

El Nuevo Herald
13 de agosto de 1993.

LOS CUBANOS SIN CULPA

Es curioso que todavía no me he encontrado, en las constantes discusiones sobre Cuba (ya que es imposible hablar de otra cosa), a un amigo o un desconocido que se considere culpable de la tragedia cubana.

Es que los cubanos somos "la cátedra", o "la candela", según el grupo social al que pertenezcamos. Tampoco escuchamos, solamente hablamos,; lo que hace imposible llegar a algún acuerdo sobre el tema discutido, o a alguna conclusión. El que más habla se va más contento para su casa, y se cree de verdad "que se la comió". Esto ocurre a diario en reuniones de organizaciones políticas, en todas las peñas a que he asistido, así como en todas las reuniones sociales.

No podemos siquiera reconocer que la culpa del drama cubano la tenemos todos: los fidelistas arrepentidos de ayer, y los que siguen llegando a Miami todos los días, después de 36 años de apoyar al régimen criminal que impera en nuestra Cuba; los batistianos, por creerse dueños de la verdad y no reconocer las faltas del régimen, ni tampoco haberle dado salida en varias oportunidades que se presentaron, lo cual hubiera evitado la llegada del monstruo.

Con nuestros errores y nuestras virtudes, los cubanos éramos felices, no necesitábamos una revolución. Los que la hicieron deben sentirse culpables, y los que la provocaron también. Estos son los errores del pasado. Los del presente son todavía peores. Vivimos en un exilio dividido y confundido por los que se han titulado "jefes" nuestros, sin que nosotros los hayamos nombrado. Éstos se dividen en dos grupos: los que van a Washington y los que gritan por la radio pidiendo dinero.

Los que van a Washington están bien intencionados, pero todavía no se han dado cuenta que están perdiendo el tiempo. Todo parece indicar que nos han vendido, y el exilio sigue consolándose con la demagogia y los discursos patrióticos. ¿Cuándo vamos a hablar menos y a actuar?

El Nuevo Herald
4 de abril de 1994

¿CÓMO ES POSIBLE…?

Tengo tantas dudas e incertidumbre dentro de mí, que se me ha ocurrido expresar estos sentimientos tan comunes entre los cubanos del exilio. ¿Cómo es posible…?

¿Cómo es posible que tantos cubanos se hayan dejado engañar por un gangstercito universitario llamado Fidel Castro Ruz, cuando de sobra se conocía su asociación con un grupo gangsteril, que usaron la Universidad de La Habana para trepar a posiciones del gobierno de turno?

¿Cómo es posible que Batista no le haya dado salida a la problemática cubana, entregando el poder al Dr. Carlos Márquez Sterling en las elecciones de 1958?

¿Cómo es posible que los Estados Unidos, que siempre fue nuestro faro de libertad, nos haya traicionado, provocando el fracaso de Bahía de Cochinos?

¿Cómo es posible que después de 37 años de feroz tiranía nos encontremos solos y abandonados por el mundo entero, incluyendo a nuestros mal llamados "hermanos latinoamericanos"?

¿Cómo es posible que a estas alturas sigamos creyendo en cuentos de sirenas, pensando que la solución puede ser el diálogo o el concilio, o la iglesia, o la ley Helms-Burton, o la resistencia pacífica, o Cambio Cubano, (de todos el más ridículo)?

¿Cómo es posible que existan cubanos turistas que estén viajando a Cuba, contribuyendo con sus dólares a mantener en el poder a un régimen que está encarcelando y torturando a sus compatriotas?

¿Cómo es posible que sigamos haciendo política en el exilio, y que existan líderes con aspiraciones personales, que se contentan con visitar Washington, convocar marchas y actos patrióticos, y hablar… y hablar… ¡Hasta cuándo!

¿Cómo es posible que no podamos unirnos, no para hablar, sino para actuar. No para marchar, sino para planear. No para contar con Washington, sino para contar con nosotros mismos, que somos los únicos interesados? Desgraciadamente todo ha sido posible. Y después de escribir todos estos ¿cómo es posible?, me doy cuenta, porque estoy sentado en mi casa en Miami, no en La Habana.   El nuevo Herald, 25 de octubre de 1994

RELÁMPAGOS
Por José Ignacio Rivero
OPINIÓN AJENA

Estimado Sr. Rivero:

Le envío esta carta con el ruego de su publicación en su muy leída columna que se caracteriza por la verdad ante todo, duélale a quien le duela.

Como presidente del Directorio Cubano Anticomunista (DCA), le comunico que somos miembros de la Junta Patriótica Cubana (JPC), y nuestra función es recoger fondos para la guerra, única solución para el derrocamiento del régimen comunista que oprime a nuestra Cuba. Nuestro objetivo principal es el lograr la unidad de acción, ya que no nos interesa la unidad política. La política se debe hacer en Cuba cuando sea libre y soberana.

Explicando lo anterior, como sobre nuestra entidad declaramos públicamente que aplaudimos la decisión de la Junta Patriótica Cubana de separarse de la mal llamada Unidad Cubana, la cual debía cambiar de nombre, para "Pérez Roura y compañía".

Si la Unidad Cubana tiene problemas con las imputaciones que se le han hecho, sobre las cuales la JPC han declarado que se trata sólo de una mala administración, sin hacer acusación alguna, entonces lo que tienen que hacer es defenderse justificando los gastos y cheques que se han emitido directamente a varios de sus miembros, y que no continúe el Sr. Pérez Roura ignorando los hechos y pare de tildar de agentes de Castro a todo el que no comparta sus ideas, al estilo del propio Castro y sus lamebotas.

El dinero que se recoge para la guerra es dinero sagrado, y debe manejarse con gran cuidado y por personas que inspiren confianza y credibilidad.

El director de esa estación de radio debe dedicarse a lo que en realidad es: un locutor y comentarista que sabe atacar bien a Castro. Pero debe dar oportunidad en su emisora, como hacen todos los demás locutores, a las opiniones anticastristas de sus compatriotas, por muy distintas que sean a las suyas.

Diario Las Américas (10 de julio de 1995)

LA HORA CERO

La sensación que se siente –sobre todo si se trata de individuos inquietos como somos la mayoría de los cubanos- cuando llegamos a un punto en el cual no tenemos nada que hacer es lo que yo llamo la hora cero.

A todos nos agarra la hora cero, puede ser un domingo por la mañana que amaneció lloviendo, sin esperanza de que escampe, o sea, no hay golf ni tenis ni playa, y las películas no sirven, ya leíste el periódico y son las 9 a.m. y te preguntas: ¡y ahora qué hago?

Pues bien, después de todas las protestas en Miami, paros de tráfico, reuniones con los republicanos de moda como Helms y Gingrich, marchas a Washington, etc., no hay duda que la hora cero ha llegado y esta vez esa sensación –creo yo- la sentimos todos los cubanos del exilio: ¡y ahora qué?

No nos respetan

Nos han vendido, Fidel se ha burlado de nosotros, su régimen tiránico es responsable de miles de asesinatos de nuestros compatriotas, las cárceles cubanas están llenas de prisioneros políticos, el mundo entero nos ha abandonado, incluyendo nuestros mal llamados hermanos latinoamericanos. ¿Y saben por qué? Porque simplemente no nos respetan. En 34 años, después de la gloriosa invasión de Bahía de Cochinos, en la cual intervino un grupo muy minoritario del exilio, no ha habido un esfuerzo significativo, ni interno ni externo, por derrocar al régimen criminal que impera en Cuba.

Un grupo de oportunistas

Además de que no nos respetan en el exterior, tampoco nos respetan en Cuba; para ellos somos un grupo de oportunistas que estamos esperando que Washington nos resuelva el problema para entonces poder regresar a recuperar nuestras propiedades y desplazarlos a ellos de todas las oportunidades económicas.

No perdamos más el tiempo y nuestras energías protestando ante quienes no nos escuchan, y de marchar frente a los que nos ignoran. Ha llegado el momento de actuar y de que nos respeten.

Sí, la hora cero ha llegado y quizás sea una bendición, pues las organizaciones serias del exilio, como la Brigada 2506, la Junta Patriótica Cubana, la Fundación Nacional Cubano Americana, la Asociación de Presos y Presas Políticos en el Exilio, MRR y los Municipios del Exilio están precisadas a actuar unidas, bajo una sola bandera, la cubana, o simplemente desaparecer. Unidad de acción, eso es lo que hace falta; olvídense de las aspiraciones políticas. Guerra: única solución.

Tribuna del Lector
El Nuevo Herald
Lunes 10 de julio de 1995.

* * * * * *

LA HORA CERO II

La reacción de mis amigos a mi más reciente artículo publicado en la sección Tribuna del Lector de Opiniones, titulado *La hora cero* (10 de julio), en el cual hacía un llamado a todas las organizaciones serias del exilio para que abandonaran la política y las aspiraciones personales, y se unieran para la única alternativa que nos queda, la guerra, fue una mezcla de aprobación y escepticismo.

"Tienes razón" –me dicen, pero,

-¿Quién va a hacer la guerra? A la juventud no le interesa y nosotros ya estamos viejos.

-Los americanos no nos dejan; nos meten presos.

-Si doy dinero el Internal Revenue Service (IRS) me va a caer arriba.

Si pongo el *bumper sticker* que tú tienes en tu carro "Guerra: única solución", los maceítos me van a tirar piedras.

-Si no me van a devolver mi casa no cuenten conmigo.

-Los cubanos de Cuba son distintos a nosotros, nos odian.
-Cuando se caiga Fidel entonces sí iremos a hacer negocios en Cuba.
-*No Castro no Problem* (muy bonito pero, ¿quién lo tumba?

Mi triste conclusión es que el patriotismo está en Hialeah y enla Calle Ocho y en los que han hecho algo por Cuba, y no en los acomodados y los que viven del cuento y de la demagogia.

Los que han hecho algo

Los que han hecho algo por Cuba son: los brigadistas, los veteranos de la resistencia del Escambray, los veteranos de la infiltración y de la entrega de armas a Cuba, los ex presos y ex presas políticos, los veteranos del clandestinaje, y ahora hay que agregar a los miembros de la Flotilla (mujeres y hombres) que han logrado por primera vez en muchos años, poner al tirano a la defensiva. Esos somos los que tenemos que unirnos para lograr la libertad de Cuba.

Hay que ayudar a crear un chispazo en Cuba que incite a la rebelión a nuestros compatriotas.

La hora cero ha llegado, y es la hora de actuar o de rendirnos. La mayoría ya se rindió, pero gracias a Dios todavía queda una minoría muy valiosa y que nunca se rendirá.

TRIBUNA DEL LECTOR
El Miami Herald
16 de julio de 1995

SE BUSCA BALSERO ANTICASTRISTA

Recientemente, en una reunión de la Junta Patriótica Cubana, la agenda principal era la situación de los balseros detenidos en Krome, y su posible deportación.

El tema era candente y la indignación de los presentes era casi unánime, porque la mayoría estaba de acuerdo en que se debía seguir protestando contra la deportación de balseros. Escuchaba y no opinión al respecto, cuando alguien dijo: "Señores, todavía no he visto a un balsero que se haya acercado a nosotros, ni a ninguna otra organización patriótica, para cooperar con la causa del derrocamiento del régimen comunista."

Esta declaración me dio mucho que pensar respecto a la actitud de los balseros que recibimos con los brazos abiertos. Reconozco el mérito que existe en montarse en una balsa y atravesar el Golfo, pero aunque sea uno de ellos debería odiar al régimen que lo forzó a tomar esa decisión.

Tiene que haber un balsero anticastrista. Por favor, que me llame, para presentarlo en la próxima reunión de la Junta Patriótica Cubana.

El Nuevo Herald
27 de enero de 1996.

ESTAMOS TUERTOS, PERO NO CIEGOS

Opino que estamos tuertos, pero no ciegos, en lo que respecta a la situación de la causa cubana. Estamos viendo por un solo ojo hace muchos años y ha llegado el momento de que abramos los ojos (los dos), para analizar la problemática cubana.

Los tuertos ven una sola situación: Washington.

Hace 37 años que estamos esperando que el gobierno de turno nos resuelva todos nuestros problemas, además de habernos acogido en este país, habernos dado la oportunidad de trabajar, de progresar y educar a nuestros hijos. Pues eso no es suficiente, tienen, además, que invadir la Isla, permitir que sus soldados mueran en la contienda y librarnos de la tiranía.

Después de lograda la liberación

Después de lograda la liberación, deben marcharse inmediatamente, y dejar que los cubanos nos hagamos cargo de lo que es nuestro. Entonces empezarán los vuelos de los líderes de Miami (ya me los imagino a todos llorando de emoción al pisar tierra cubana en el aeropuerto de Rancho Boyeros) que ahora se llama Patricio Lumumba: "Yo te lo dije, hermano, que con paciencia nosotros lo tumbábamos" –dirán.

Podrá ocurrir una pequeña discusión en el aeropuerto (nada de importancia), entre los recién llegados de la Fundación Cubano americana, la Unidad Cubana, la Junta Patriótica Cubana, los Municipios de Cuba en el Exilio, la Plataforma Democrática, concilio cubano, etc., etc., sobre quién contribuyó más a la liberación final de nuestra patria. En otros aviones, más tarde, empezarán a llegar los héroes del pasado: los miembros de la Brigada 2506, los ex presos políticos, los grupos de infiltración Alpha 66, Comandos L, el PUND, etc. Éstos van a discutir en el mismo aeropuerto; la euforia del momento no los dejará pensar en el futuro.

Posteriormente se darán cuenta de que van a ser ignorados y de que los políticos, con el beneplácito de Washington, se han apoderado del poder. En estos grupos, como en todos, habrá quien se deje dar la mala y quien reclame su derecho por haber luchado por su Patria. Acabarían a tiro limpio.

No harán nada.

Los que no somos tuertos no nos hacemos ilusiones. Fidel está en el poder y nosotros estaremos en el exilio a pesar del embargo y la Ley Helms-Burton. El próximo gobernante de este país, ya sea Hill Clinton o Bob Dole, no harán absolutamente nada, simplemente porque el problema no les afecta directamente.

Otro panorama distinto puede ocurrir algún día, un levantamiento popular ayudado y financiado por el exilio logrará el derrocamiento del régimen. Los gobernantes serán los que hayan expuesto sus vidas, ya sean militares o civiles. La participación del exilio dependerá del esfuerzo que realice cada organización.

En el aeropuerto estará todo cubano que quiera regresar sin aspiraciones políticas inmediatas. El resultado será una Cuba libre y soberana, con problemas, pero sin deudas políticas. ¿Es esto mucho que desear?

El Nuevo Herald
Junio 17 de 1996.

SEAMOS FRANCOS: EXISTE EL RACISMO ENTRE LOS CUBANOS

Este es uno de los temas más sensitivos, de una importancia enorme, y sin embargo prácticamente ignorado por la mayoría de los escritores que analizan la problemática cubana del racismo.

Las estadísticas de la actual población negra en Cuba son muy difíciles de determinar con exactitud; sin embargo, no creo que haya dudas de que los negros constituyen una mayoría.

Este factor hay que considerarlo y evaluarlo cuando se piense en una estrategia, y más vital aún, su posterior reconstrucción. Seamos francos sobre el cubano del exilio, la mayoría de la raza blanca racista.

Podemos decir quizás, que teníamos algunos negros amigos de la infancia, con los cuales había que fajarse a los "piñazos" para probarnos que éramos unos hombrecitos.

La kimbumbia y el chocolongo.

Yo recuerdo cuando nos integrábamos con ellos los niños que no éramos góticos, o sea, aquellos a los que nuestros padres nos dejaban jugar con ellos en la calle, cómo nos divertíamos con actividades, como guerra de piedras y de municiones, jugando a la pelota en los placeres, o a la kimbumbia y el chocolongo.

Eran nuestros amigos callejeros, pero ya habíamos aprendido —sin que nadie nos lo dijera- que eran distintos, y que a la casa no podíamos invitarlos ni a un vaso de agua. Había, sin embargo, un solo negro, que para los que practicábamos deportes en el Colegio de La Salle, y posteriormente en el VTC, que para nosotros era lo mismo que un blanco, y se llamaba Sungo Carreras

Recuerdo que a los cinco años de edad (siempre he sido bastante despistado), se me fue la guagua del colegio durante un juego de baloncesto en el floor de VTC. Me había quedado solo en las gradas y llorando. De pronto se me acercó un negro enorme (Sungo) y me preguntó que quién era yo dónde vivía. Me calmó y me llevó de la mano, caminando para mi casa. Desde entonces me di cuenta de lo noble que era el negro cubano, y a pesar de que lo discriminábamos no sentimos nunca un resentimiento ni recuerdo una bronca motivada por un problema racial.

Sungo, aparte de su bondad, era un caso especial, se vestía mejor que los blancos y era simpático. Trabajaba como manager de pelota en el Colegio La Salle y el VTC. Era el negro más popular que yo recuerdo, pero a pesar de todo, Sungo no se podía tomar una Coca Cola fría en la barra de afuera del VTC después de una práctica de pelota, donde se reunían todos sus peloteros.

¿Qué tiene que ver este cuento con la situación cubana? Pues mucho. Primero, tenemos que reconocer que fuimos, y todavía somos, racistas; y si queremos regresar a nuestra querida Patria, tenemos que convencer a sus habitantes (y a nosotros mismos sobretodo) de que vamos a rectificar los errores del pasado, comenzando por el exilio, donde las principales organizaciones políticas no se han tomado ni siquiera el trabajo de traer a sus filas al negro cubano, para integrarlo a la lucha contra la tiranía. Mi consejo es que empiecen hoy mismo.

El Nuevo Herald
21 de abril de 1999.

O CHICHA O LIMONADA

Me refiero al artículo del Sr. Agustín Tamargo "La estrella inalcanzable", publicado el pasado domingo 5, el cual critico por su vaguedad. No comprendo cómo al mencionar a un grupo de cubanos notables, de diferentes generaciones, que han contribuido a la causa del derrocamiento del régimen castrista, pueda llegar a la conclusión de que existe una unidad de pensamiento y estrategia.

¿Cómo se puede escribir: "Ninoska puede tener razón, el hijo de Mas Canosa puede tener razón?

O sea, está con el exilio histórico y la línea dura de Jorge Mas Canosa y de la Brigada 2506, y el MRR, la Unidad, la Junta Patriótica, Alpha 66, la Asociación de Presos Políticos. O sea, con el hijo de Mas Canosa que representa la tolerancia y el acercamiento con el gobernante socialista que aparezca a la caída del tirano, que es lo que pretende Washington que suceda.

¿Cómo se puede mencionar a Gloria Estéfan y no incluir a Ernestino Abreu? Todos somos cubanos y deseamos la libertad de nuestra Patria, pero no todos pensamos igual. O se desea un cambio violento y una limpieza total del régimen, como se promueve constantemente por Radio Mambí, o se desea una transición pacífica o con los ahora llamados "socialistas", que son los mismos que hace uno años fueron los responsables de que estemos en el exilio.

A mi entender, hay que definirse: O chicha o limonada.

El Nuevo Herald
Agosto 6 de 1999

COMENTARIOS

No se puede escribir sobre el exilio cubano, sin mencionar el tema que nos estremeció, no solamente a nosotros, sino al mundo entero: Elián González.

Ese niño maravilloso que apareció en las costas de la Florida en una cámara de automóvil, prácticamente ileso, y salvado por su madre antes de ahogarse, que se convirtió en el símbolo del exilio contra Castro y Castro contra el exilio. Desgraciadamente no podía estar más equivocado, y el complot de Clinton-Reno-Castro, hizo posible que no se cumpliera la ley del Estado de la Florida, dándole poder sobre el caso a Inmigración, para que realizara el secuestro (a la fuerza) del niño, frente a las cámaras de televisión, causando un impacto mundial de crítica al sistema utilizado.

Castro nos ganó de nuevo la partida, y ha utilizado al niño como un trofeo político, y además, logró dividir al exilio y a la comunidad toda de Miami. Otra vez triunfa el mal sobre el bien, y como consecuencia se desmoraliza el exilio.

Problema generacional

En los últimos años, después del secuestro del niño Elián. El exilio ha estado dormido. El diablo sigue en Cuba y nos consolamos con oír a Radio Mambí, donde Agustín Tamargo y Armando Pérez Roura insultan a Fidel a diario.

Las peñas, reuniones a la hora de almuerzo, para discutir los distintos eventos relacionados con Cuba, continúan y son entretenimiento para un grupo de *"senior citizens"* que añoramos nuestra Patria y que en el fondo sólo pensamos en tratar de sobrevivir al tirano para verlo caer.

Un rayo de esperanza apareció de pronto después de la tragedia del 11 de septiembre -que mucho lamentamos los cubanos del exilio, porque estamos sumamente agradecidos a este país-, simplemente por el hecho de que Fidel es un terrorista conocido internacionalmente y, naturalmente, por el gobierno de los Estados Unidos.

Al mismo tiempo de este horrible evento, que nos afecta a todos los que vivimos en este país, salió a la luz pública un *survey* sobre la opinión del exilio en cuanto a una apertura o diálogo con el régimen castrista. El resultado esperado fue que los jóvenes y las personas de mediana edad están de acuerdo con un acercamiento y reconciliación con el gobierno cubano.

¿QUÉ FUTURO LE ESPERA EN CUBA?

La muerte de los infelices balseros ahogados frente a las costas de los Estados Unidos y el milagro de la salvación del niño Elián, han servido para que el energúmeno de Fidel Castro esté mandando un *ultimátum* a este país para que devuelva al niño en "72 horas", en medio de protestas multitudinarias montadas frente a la Sección de Intereses de Estados Unidos en La Habana.

Después de acobardarse y no realizar su viaje a Seattle, de la misma forma que se acobardó en el ataque al cuartel Moncada, y en numerosas ocasiones durante su época de estudiante de la Universidad de la Habana, y en el Bogotazo en Colombia; ahora anda de guapo amenazando a este país con no cumplir con los acuerdos migratorios.

El problema de Elián no es político, y ni Castro ni el exilio lo pueden resolver; compete a los Tribunales del Estado de la Florida en un juicio de custodia, determinar si el niño se queda con sus familiares en Miami o si se le entrega a su padre que reside en Cuba.

Cuando esto ocurra, el padre del niño, Juan Miguel González, que hace alarde de ser miembro del Partido Comunista, y por lo que veo fanático del che Guevara, tendrá que venir no a recoger al niño, como alardea, sino a testificar ante ese tribunal norteamericano y justificar el gran futuro de su hijo en Cuba.

Estaremos en manos del principio moral y ético del juez de turno, pues generalmente en los casos de custodia se tiene en consideración principalmente el bienestar y el futuro del menor, objeto del litigio. Dios quiera que así sea.

Diario Las Américas
Martes 15 de diciembre de 1999

40 AÑOS SIN CONOCER A FIDEL

Es sinceramente increíble cómo Fidel nos ha tomado el pelo durante 40 años, y lo sigue haciendo.

No nos hemos dado cuenta que con esa mente maquiavélica y esquizofrénica estamos enfrentándonos con un anormal, que no sigue las reglas de lo que nosotros entendemos, sería lo lógico para mantenerse en el poder.

Tomemos el embargo como ejemplo. Nunca, ni en estos momentos, Fidel ha querido que le levanten el embargo. Es su arma favorita para atacar al imperialismo norteamericano, habiendo engañado con esa estrategia a la mayoría de los países latinoamericanos y europeos, y finalmente, hasta al Papa.

El presidente Clinton confesó en televisión, en una entrevista dada a maría Elvira Salazar, que cuando él estaba haciendo todos los esfuerzos para un acercamiento con Castro, éste ordenó personalmente el derribo de las avionetas de Hermanos al Rescate.

Desde la época de Jimmy Carter, si Castro hubiera querido, se hubieran normalizado las relaciones entre ambos países. Sin embargo, ¿qué haceFIDEL para evitarlo? Permite y promueve el éxodo del Mariel, poniendo en ridículo los esfuerzos del presidente Carter.

Conclusión: Fidel sabe que el embargo puede ser su "perestroica", y también sabe que si no abre las cárceles y el país a la democracia, el gobierno norteamericano no va a hacer nada al respecto, así que sigue con su cantaleta, haciéndose la víctima del imperialismo.

Diario Las Américas
15 de febrero del 2000

EL EJEMPLO DE YUGOSLAVIA

El espectáculo que presencié en televisión de un pueblo entero sublevado en contra de su despótico gobierno, me dio una sensación de admiración y envidia.

Enseguida empecé a imaginarme que la multitud que se dirigía hacia el Edificio Federal no eran yugoeslavos, sino que eran cubanos que se habían lanzado a las calles de La Habana y se dirigían al Palacio Presidencial. Por un instante los vi, negros y blancos, mujeres y hombres desesperados y dispuestos a enfrentarse con la Policía la cual sorprendida, no estuvo dispuesta a disparar contra su pueblo.

Este cambio de imagen duró unos segundos y cuando volví a la realidad, me consolé. Bueno, esto no es Cuba, pero quizás esto sea el ejemplo que necesita el pueblo cubano.

Estoy completamente seguro que las imágenes de la Revolución Yugoslava, ese pueblo enardecido y valiente, dispuesto a jugarse la vida enfrentándose a la fuerza pública no serán transmitidas por la televisión al pueblo cubano.

Sin embargo esta noticia no podrá ser ocultada, un dictador más ha caído y Fidel ya comenzó a sudar: "¿Seré yo el próximo y cuándo?"

En la prensa leí un mensaje muy significativo, una yugoslava que fue entrevistada, de nombre Jelena, estudiante de Derecho, de 23 años, dijo: "Que esto sea un aviso a otros presidentes, que si ustedes hieren a sus pueblos, ustedes sufrirán las consecuencias".

Los yugoslavos nos han señalado el camino. El exilio debe ahora pensar y ayudar a que esto ocurra en Cuba. Una transición pacífica después de todos los abusos y crímenes cometidos por el gobierno castrista es imposible de aceptar.

Diario Las Américas
10 de octubre del 2000

LA VENGANZA DE ELIÁN

Como que el título de esta carta lo dice todo. Prácticamente no habría que escribir más nada, ya que los lectores, principalmente los cubanos exiliados, saben el motivo que me hace escribir estas líneas.

Me imagino a Eliancito con sus compañeritos pioneros de nuevo en su pupitre y cumpliendo siete años de edad hace unos días y festejado por sus elegantes y finas abuelas, su comunista del Partido y simpático padre, y visitado por la simpatizante del régimen, la Reverenda Campbell y el primo de Donato que parece haberse convertido en un idiota útil.

Los agasajos y brindis no faltaron, así como regalos y un gran aplauso a la llegada del máximo líder, lo que estoy seguro que faltó fue la sonrisa de Eliancito, esa sonrisa que iluminaba su presencia ante las cámaras de televisión cuando iba al colegio o cogido de la mano de su prima Marisleysis o de su tío abuelo.

También me imagino a ese niño maravilloso, que no sabe que sigue siendo un símbolo de libertad para nosotros los exiliados, de pronto echarse a reír en medio del agasajo sin saber por qué, ante el asombro de los concurrentes que tratan de pararlo y él sigue riendo sin parar echando a perder la fiesta. Al día siguiente, su padre lo regaña por su estúpida y contrarrevolucionaria actuación, y él le contesta muy serio y sin darse cuenta de lo que dice: pero papi, es que Bush va a ganar.

Diario Las Américas
Miércoles 13 de diciembre del 2000.

¿QUÉ SE TRAE FIDEL?

Creo que es hora que analicemos los actos de Fidel Castro para llegar a una conclusión de cómo lidiar con él y cómo debilitarlo.

Generalmente todas sus actuaciones y decisiones aparentemente lo perjudican, de acuerdo al criterio del exilio, y en cierto sentido es motivo, naturalmente, de que la prensa y la radio lo ataquen y sigamos pensando de que Fidel se ha vuelto loco, cuando por ejemplo insulta al Gobierno Español, se burla hasta del papa y últimamente encarcela a tres checoslovacos prácticamente sin cargos que lo justifiquen y creando una repulsa internacional.

No hay duda de que a este señor le importa un bledo lo que piensen de él, el Gobierno Español, el Papa, la Unión Europea y los países de nuestro continente.

Lo que él pretende, es seguir con la cantaleta del embargo y hacerse la víctima del Imperialismo para justificar su supervivencia. El embargo para él es su salvación.

Diario Las Américas
Jueves 25 de enero del 2001.

¡ADIÓS, MR. CLINTON!

¡Adiós, Mr. Clinton! Que te vaya bonito, creo es lo que dicen en México, cuando despiden a un empleado. Los cubanos del exilio te estamos eternamente agradecidos...

Te agradecemos sobre todo como, con tu asociado Janet Reno devolviste a Elián González a Cuba, donde sabemos que Eliancito está de lo más feliz con sus compañeritos pioneros cantando La Internacional e idolatrando al che Guevara. Tus contactos de pueblo a pueblo con Cuba y los constantes viajes de los congresistas demócratas a La Habana para hacer negocios en la Isla, fue uno de tus mejores aciertos, de lo cual también Fidel está de lo más agradecido. Sin embargo, él no sabe que tú lo hiciste para tumbarlo.

También te agradecemos cuando indignado, después del asesinato de los tripulantes de las avionetas de Hermanos al Rescate, de cuya amenaza por Castro no sabías absolutamente nada, decidiste valientemente firmar la Ley Helms-Burton que agudizaba aún más el embargo contra Cuba, aunque no la aplicaste.

Por todas estas cosas y muchas más que hiciste por la libertad de Cuba, te decimos: Sr. Presidente, adiós y que te vaya bonito.

Diario Las Américas
Martes 30 de enero del 2001.

¿DONDE ESTÁN LOS PATRIOTAS?

Recientemente leí en El Nuevo Herald una nota sobre las encuestas sobre las opiniones del exilio con respecto a un posible acuerdo con el gobierno cubano, reconciliación y entendimiento con el régimen castrista.

Es indudable que la mayoría de la juventud y los de mediana edad, han adoptado una actitud que hay que respetar, pero que es inaceptable por las organizaciones militantes del exilio contra el tirano.

Comprendo que en el transcurso de tantos años, se han inclinado a buscar otras soluciones que no son compatibles con los que verdaderamente sufrimos la pena de abandonar nuestra Patria, ni los muchos que tratamos de recuperarla con las armas.

Mi sorpresa ha sido que esta encuesta fue realizada y publicada... ¿cuándo? ¡Después de los sucesos del 11 de septiembre! Fecha que cambió completamente la problemática cubana. Cuba etá incluida en la lista de países terroristas –recordó el propio secretario de defensa Donald Rumsfeld-. El día que el tirano se muera, los posibles herederos, como Raúl, Lage, Alarcón y toda la mafia que los rodea, deberán responder por haber cooperado con el terrorismo internacional.

Luego me pregunto: ¿Dónde está el patriotismo y nuestra obligación de apoyar abiertamente a este país en la lucha contra el terrorismo, cuando se sigue pensando en un posible arreglo con la tiranía castrista, el levantamiento del embargo, etc., etc.?

LAS CARTAS DEL SÁBADO
El Nuevo Herald,
Sábado 15 de diciembre del 2001

CÓMO PUEDEN SER TAN ILUSOS?

La noticia publicada en el Nuevo Herald el sábado 5 de enero sobre la visita de los senadores Arlen Specter y Lincoln Café a Cuba, y su reunión con Fidel Castro, el cual les aseguró que no se oponía a que se encarcelaran a los talibanes y a los miembros de la organización terrorista Al Qaeda en Guantánamo, y además, que Cuba condena cualquier tipo de terrorismo, no me sorprendió lo más mínimo, así como a la mayoría de los cubanos exiliados. No en balde Castro lleva ya 43 años en el poder, y hemos visto de lo que es capaz.

Lo que me sorprendió fue ver a esos senadores en la televisión, sonriendo muy complacidos, al creer que habían logrado algo muy importante para su país.

Primero que todo, Fidel sabe que no puede hacer nada en cuanto al asunto de Guantánamo. Si lo acepta, o chilla, o protesta, es lo mismo. Y la condena al terrorismo, viniendo de boca de un terrorista, es algo tan ridículo, que me hace pensar lo ignorantes que son estos señores en cuanto a las verdaderas intenciones de Fidel de seguir apoyando al terrorismo, especialmente en Latinoamérica.

Antes de visitar Cuba, los senadores debieron informarse mejor de lo que pasa en la Isla.

PERSPECTIVA
El Nuevo Herald,
Viernes 11 de enero del 2002.

REVOLUCIÓN BOLIVARIANA

Yo soy mal pensado, pero desde el instante en que leí en la prensa que el presidente recién electo de Venezuela, Hugo Chávez, le cambió el nombre a su país por el de "República Bolivariana de Venezuela", me vino a la mente que no solamente el admirador y títere de Castro estaba ya pensando en convertir a su país en otra Cuba, sino que ambos tenían otros planes mucho más amplios de convertir a Latinoamérica, gradualmente, en muchas otras Cubas.

Obviamente existe un pacto entre las FARC y el ELN de Colombia con Castro y con Chávez, para que Colombia siga a Venezuela en ese mismo rumbo. En ese sentido ya se han manifestado las FARC a través de Raúl Reyes, uno de sus principales jefes, cuando manifestó su apoyo incondicional al proceso marxista iniciado por Chávez en Venezuela, que no se puede resolver descalificando al presidente o tratando de reversar un proceso en curso como el "Bolivariano".

Así que dos y dos son cuatro, y no existe la menor duda de las intenciones Castro-Chavistas, además de que es bien sabido el apoyo que está dando Venezuela a, enviando armas a la guerrilla colombiana, como se ha comprobado recientemente.

Por eso el apuro de Chávez de lograr su propósito, creando una confrontación con todos los sectores civiles de Venezuela, incluyendo sobre todo a la prensa y a la iglesia, siguiendo el mismo patrón de lo que hizo Fidel en Cuba.

Si tenemos en cuenta la situación caótica de la Argentina, y el posible triunfo de un candidato comunista en Brasil, y la vulnerabilidad de los pequeños países del continente suramericano, como Ecuador, Bolivia, Paraguay, Uruguay y el mismo Perú, cuyo presidente Toledo acaba de alabar, como un gran hombre, al candidato comunista Lula DaSilva del Brasil, el proyecto de más Repúblicas Revolucionarias no parece tan descabellado.

Luego todo depende de cómo se libra Venezuela del títere de Castro, y cómo Colombia logre triunfar en su reciente y tardía declaración de guerra a la guerrilla colombiana.

Diario Las Américas, jueves 28 de febrero del 2002.

EL DESPRESTIGIO DE FIDEL

Fidel está completamente desprestigiado internacionalmente, Como se comprobó en la Cumbre de Monterrey, México, donde su corta y acelerada actuación no impresionó a nadie, ya que Cuba no puede dar ejemplo de cómo combatir la pobreza. Se pelea con México, al cual culpa de su repentina retirada por complacer a Busch, y monta un *show* para la izquierda mexicana, que todavía simpatiza con él.

Fidel está contemplando su herencia personal, como el gran revolucionario contra el imperialismo yanqui, y se morirá de rabia odiando como siempre lo ha odiado a los Estados Unidos, al cual no pudo vencer ni con la ayuda de la Unión Soviética, ni con la de sus amigos terroristas de Irak, Irán y Libia.

Diario Las Américas
25 de marzo del 2002.

OJO CON CHAVEZ

El anuncio de que Sadam Hussein va a cortar la venta de petróleo por un mes a los Estados Unidos, por su apoyo a Israel en su conflicto bélico con los palestinos, ha provocado cierta perocupación sobre las consecuencias que esta medida podría tener en la subida del precio de la gasolina, aunque se calcula que no va a afectar grandemente los precios actuales.

Sin embargo, la huelga de los gerentes de la estatal petrolera PDVSA parece preocupar mucho más al gobierno de Bush, las consecuencias del paro y sobre todo su duración, ya que Venezuela es uno de los suplidores principales de petróleo de este país.

Cuanto más analizo la actitud del títere de Castro en Venezuela, menos la comprendo, pues nadie puede ser tan bruto como para pensar que se puede hacer una revolución peleándose con la prensa, con la iglesia, con los sindicatos, sin tener un total control del ejército, y ahora crea un conflicto con su propia compañía petrolera, donde el país obtiene sus mayores ingresos de divisas.

Venezuela no es Cuba, donde la revolución se apoderó de las fuerzas de la sociedad civil y militar, con la cooperación de la mayoría de los cubanos, bajo el hechizo de un gangstercito universitario, apoyado por una gran mayoría de la clase alta, que se encuentra actualmente exiliada.

Luego aquí hay algo que huele a queso. Entre huelga y huelga, y marchas y marchas, no creo que Chávez tenga interés alguno por lo que pase con el petróleo venezolano con tal de perjudicar a los Estados Unidos. Demasiada casualidad que el paro de PDVSA haya coincidido con el anuncio de su amigo, el presidente de Irak, Sadam Hussein.

Diario Las Américas
Sábado 20 de abril del 2002.

EL POBRE JIMMY CARTER

El ex presidente de los Estados Unidos, Jimmy Carter, tiene anunciada su visita a Cuba este 12 de mayo, donde se reunirá con el dueño de Cuba Fidel Castro Ruz, para –según él- lograr un acercamiento entre Washington y La Habana. De esa visita probablemente salga un comunicado de que Castro está dispuesto a cooperar en un acercamiento con los Estados Unidos, siempre y cuando se realice el levantamiento del embargo, ya que Cuba no es enemiga del pueblo norteamericano, sino de los distintos gobiernos que injustamente han mantenido una actitud hostil hacia la Isla, en contubernio con la "mafia de Miami".

Parece que Carter tiene mala memoria, ya que durante su administración trató por todos los medios de conciliarse con Castro, y el resultado de sus gestiones culminó con el éxodo del Mariel, y como consecuencia él fue ridiculizado por Castro. Además, no s'e cuándo el exilio y los congresistas se van a dar cuenta que a Castro le encanta el embargo, ya que mientras más miseria más fácil le es mantenerse en el poder, que precisamente es lo que su títere Chávez está logrando en Venezuela.

Además, las circunstancias actuales tampoco ayudan a Carter, ya que Cuba ha sido declarada país terrorista, estando más que comprobado recientemente, y la administración Bush lo considera un enemigo más. Y por último, Fidel se ha burlado del mundo occidental y latinoamericano, incluyendo al rey de España y al Papa. ¡Cómo no se va a burlar, por segunda vez, de Jimmy Carter!

Diario Las Américas
Domingo 5 de mayo del 2002

LE QUEDAN SEIS MESES...

Esta frase la he escuchado en numerosas ocasiones durante nuestro exilio, en referencia al estado de la economía en Cuba. Primero fue la caída del Muro de Berlín, y últimamente ha sido el desmantelamiento de los ingenios y la falta de petróleo proveniente de Venezuela, y naturalmente el embargo.

Con Chávez está ocurriendo algo parecido. Le quedan seis meses. No puede gobernar. Está arruinando al país. No tiene más que el 30% de la población.

Hay que entender que tiene precisamente el mismo plan que tuvo Fidel, con la ventaja que fue electo, que no es otra cosa que arruinar al país para que paulatinamente, primero la oposición de la clase alta, y posteriormente la clase media, abandonen el país y poder imponer su revolución bolivariana. Mientras tanto, se mantiene respaldado por los generales con tropa y la chusma armada.

¿La economía? Eso no les concierne solamente el poder.

Diario Las Américas
Viernes 19 de julio del 2002
    y
El Nuevo Herald
Sábado 20 de julio del 2002.

NECESITAMOS NUEVOS HÉROES

Con todo mi respeto y admiración a nuestros héroes de la Independencia de Cuba, Martí, Maceo y Máximo Gómez, a los cuales rendimos tributo continuamente durante las distintas fechas patrióticas, con poesías, panegíricos y una serie de alabanzas muy justificadas en el fervor patriótico del exilio, necesitamos nuevos héroes.

Héroes de nuestra generación y de nuestro momento histórico, que es completamente distinto al escenario de la Guerra de Independencia de España.

Esos héroes existen, pero el exilio no los reconoce, se empeñan en vivir en el pasado, con la ilusión de que Cuba sea libre por obra y gracia del Espíritu Santo y de los americanos.

Sin olvidar a los valientes integrantes de la Brigada 2506, se me ocurre mencionar a otros dos patriotas que on motivo de verdadera inspiración para que el exilio no descanse en su empeño de ver algún día a nuestra Patria liberada por los cubanos y solamente por los cubanos.

Uno de ellos es Tony Cuesta, completamente olvidado. Ese valeroso cubano que quedó manco y ciego en aguas cubanas, y que en el exilio nunca dejó de luchar por la libertad de su Patria. ¿Cómo es posible que no se le honre todos los años en la fecha de su muerte?

El otro es Ernestino Abreu, que se encuentra en Miami, entre nosotros, y que desembarcó en cuba por las costas de Pinar del Río a los 72 años de edad, para luchar con las armas contra el régimen despótico de Fidel Castro. Creo que él merece algo más que una cartica donde se le menciona de vez en cuando...

Ernestino tiene tanto mérito como José Martí, y es importante que su hazaña sea reconocida y sirva de inspiración y ejemplo para el exilio y para todos los cubanos en este momento histórico, ya que la violencia parece ser la única solución.

Diario Las Américas
Martes 23 de julio del 2002.

¡QUÉ PENA VER LO QUE VEMOS!

Da pena ver al exilio dividido, sin orientación y a la defensiva de todos los acontecimientos y noticias que recibimos diariamente de nuestra Patria.

Da pena ver cómo la división consiste, principalmente, en qué tipo de gobierno se debe apoyar a la caída del tirano. Algunos están dispuestos a ayudar a los disidentes, sin importarles sus antecedentes marxistas, y hasta llegan a apoyar a la Asamblea Nacional y la Constitución Comunista de 1976, enmendada en 1992, señalándola como indispensable para una transición política en Cuba, tomando en cuenta lo ocurrido en los países de la Europa del Este.

Da pena ver cómo el exilio histórico se mantiene silente ante semejante disparate, considerando los crímenes cometidos por el régimen castrista durante 43 años, y los que sigue cometiendo en la actualidad.

Da pena ver cómo la división es verdaderamente generacional.

El grupo más joven, cansado de esperar, aspira a ser un factor determinante en el futuro de Cuba, a cualquier precio, con tal que la transición sea pacífica, siguiendo la orientación del gobierno americano.

Da pena ver que los hombres que nos hemos sacrificado y luchado por la libertad de nuestra Patria, incluyendo a los miembros de la Brigada 2506, del MRR y otros grupos con sobrados méritos en la lucha anticastrista, y las presas y presos políticos no se unan en un solo grupo apolítico, de modo que tengamos una representación verdaderamente anticomunista a la caída de la sangrienta tiranía.

Cuba no es Europa del Este. La comparación no es apropiada. Y su libertad es cuestión nuestra y no el resultado de un pacto con Washington.

El Nuevo Herald
Sábado 17 de agosto del 2002.

POSICIONES IRRECONCILIABLES

Me refiero al artículo del columnista Agustín Tamargo titulado "Payá, Castro y el Maquiavelismo", con el cual concuerdo en mucho de lo que expone, sobretodo cuando se refiere a la diferencia de los antiguos líderes de la línea dura contra Castro y los actuales, como Payá, que está promocionando la reconciliación con el régimen actual.

En lo que difiero del señor Tamargo, es que al parecer está de acuerdo con las dos posiciones a la vez; lo que me recuerda lo que ocurrió en nuestra patria cuando una gran mayoría apoyó al gangstercito de Fidel, porque "cualquier cosa menos Batista" era la consigna del pueblo.

Bueno, ahora lo que ocurre, en mi modesta opinión, la de un cubano más que tiene su derecho a opinar, es que ahora la tendencia popular, sobre todo por el simple hecho de la dificultad de tumbarlo sin ayuda extranjera, la consigna es "cualquier cosa aunque sea con Fidel".

No hay duda que el tema del momento en el exilio son las declaraciones de Osvaldo Payá durante su estancia en el extranjero con motivo de su aceptación personal del premio Sajarov, que le ha otorgado la Unión Europea, que sin duda constituye una gran propaganda internacional anticastrista; aunque todo lo expuesto por Payá es más que conocido hace muchos años, y los exiliados lo siguen diciendo todos los años en ginebra.

El exilio sigue dividido entre una reconciliación con el régimen y hacer justicia a todos los crímenes cometidos, y que se siguen cometiendo contra nuestro pueblo.

Hay que respetar todas las opiniones, pero ambas son irreconciliables.

El Nuevo Herald
28 de diciembre del 2002.

LA PALA DE PAYÁ

Primero me siento obligado a aclarar el término, o digamos "cubanismo" de lo que nosotros los cubanos entendemos por lo "pala", además de un instrumento de labranza, que sirve para abrir huecos en la tierra, etc., etc.

Para nosotros también una "pala" es simplemente cuando dos personas se ponen de acuerdo para realizar un evento determinado, pretendiendo que ese acuerdo no existe, y aunque exista animosidad entre ambas partes, se comprometen a llevarlo a cabo.

Eso es precisamente lo que, en la opinión de un cubano más, que tiene su derecho a opinar, lo que existe entre Fidel Castro y el opositor Osvaldo Payá.

La comparecencia de Payá, ignorando al exilio histórico que quisiera justicia y no conciliación, lo ha dividido una vez más, que es precisamente lo que Fidel, con una habilidad maquiavélica, continúa haciendo por años sin que el exilio siquiera se de cuenta.

¿Cómo es posible que a este señor se le deje viajar por el mundo entero, recibir premios, etc., pregonando libertad y respeto por los derechos humanos para el sufrido pueblo cubano, lo que es más que conocido por el mundo entero y lo que el exilio denuncia todos los años en Ginebra?

Hay dos razones fundamentales que le interesan a Castro que promueve Payá: Primera, su Constitución comunista inalterable, con algunas posibles modificaciones para contentar a los Estados Unidos y la Unión Europea, para conseguir hacer negocios y que le levanten el embargo. Y la segunda, y más importante, para él asegurarse de una transición pacífica, lo que resultaría a su muerte o incapacidad, la continuidad de los mismos personajes criminales de su régimen en el poder, con Payá de presidente.

No se puede dejar de mencionar que su verdadero opositor, el Dr. Oscar Elías Biscet, sigue preso. ¡Qué casualidad...!

Diario Las Américas
Miércoles 22 de enero del 2003.

LA SOLUCIÓN: EL VOTO

Nunca he visto al exilio más dividido que en la actualidad. Los que apoyan el Proyecto Varela y a su promotor Osvaldo Payá, y los que se oponen al mismo.

Son puntos de vista tan distintos que son completamente irreconciliables, y como resultado de esas diferencias, diariamente estamos leyendo numerosos artículos y cartas publicadas a favor del Proyecto Varela y en contra del mismo, así como opiniones expresadas en programas de televisión y radio. No hay otro tema en la actualidad.

La generación de edad media, que ocupa hoy en día posiciones importantes, económicas y con contacto con Washington, están impacientes por hacer negocios en Cuba, y se preparan para el día que hubiese una apertura en el régimen estar en primera fila para realizarlos, ya sea con Fidel o sin él; con una Constitución Comunista o sin ella. Naturalmente, este grupo está apoyando el Proyecto Varela y realizando y subvencionando encuestas que dan como resultado el apoyo mayoritario del exilio cubano -según ellos.

Por otro lado, el exilio histórico no se ha convencido de las bondades del Proyecto Varela; lo ha estudiado a fondo y no está de acuerdo con una conciliación con el régimen criminal que oprime a nuestro pueblo, y mucho menos a que se perpetúe una Constitución Comunista en Cuba.

Hay que tener en cuenta que el Proyecto Varela, aunque tolerado, para un futuro no tiene el menor chance de ser aceptado por Fidel mientras esté vivo y coleando; así que la polémica sobre el mismo se hace obsoleta, y en mi opinión, dentro de unos meses nos olvidaremos que existe y seguiremos esperando por la desaparición física del tirano, siempre con la esperanza de que se derrumbe el régimen por su propio peso, ya sea por los militares o por una rebelión interna.

Lo que considero de suma importancia, y no sé cómo no se ha discutido por las organizaciones militantes del exilio, es sencillamente que los cubano americanos, que realmente somos americanos por conveniencia, aunque estamos muy agradecidos a este país, y seguimos siendo cubanos ante todo, tengamos el derecho a votar en unas futuras elecciones libres, en una Cuba democrática, sin necesidad de viajar a la Isla solamente comprobando que nacimos en ella.

Diario Las Américas
21 de febrero del 2003

EL MOMENTO DE SER AMERICANOS

Nosotros, los cubanoamericanos, nos pasamos la vida presionando a Washington para que nos ayude en todo lo que se refiere a la eventual libertad de nuestra Patria.

Hasta el momento, nuestro presidente es George W. Bush y ha mantenido una posición muy firme en contra de la dictadura castrista, además de que Cuba se sigue manteniendo en la lista del Departamento de Estado como un país terrorista.

Castro está muy asustado por lo que pueda ocurrir a su desacreditado régimen, así como a su compinche Hugo Chávez en Venezuela, cuando se termine la inevitable guerra de Irak, cuyo triunfo rápido está asegurado no sólo por el enorme poderío de norteamericano, sino por lo justo de la causa que obliga a nuestro presidente a proteger a sus habitantes, además de la necesidad de cambiar el régimen malvado de Sadam Hussein.

De todas formas estamos en un momento crucial en que el exilio, sin olvidar a nuestra Patria, debe por agradecimiento a este país pensar como americanos que somos, y manifestarnos a favor de la guerra contra Irak y respaldar a nuestros soldados y a nuestro presidente.

Viendo cómo la izquierda organiza marchas en el mundo entero en contra de la guerra, ¿por qué no organizar nuestra marcha a favor? Estoy seguro que tanto el presidente Geroge W. Bush como nuestro gobernador Jeb Bush lo agraderán.

Ha llegado el momento de ser americanos.

Diario Las Américas
Miércoles 5 de marzo del 2003.
    y
El Nuevo Herald
Jueves 6 de marzo del 2003.

LA LUCHA ES DE TODOS

Para mañana 29 de marzo se está preparando una marcha por las principales organizaciones anticastristas de línea dura contra el régimen comunista que oprime a nuestro pueblo, y al mismo tiempo se planea proclamar el apoyo ala guerra de Irak, así como al presidente George W. Bush, y a nuestros soldados.

Otras organizaciones que son partidarias de un diálogo con Fidel y que parecen no estar dispuestas a participar en esta marcha, deberían reaccionar y reconocer que estaban equivocadas, ya que de acuerdo a los últimos acontecimientos acaecidos en la Isla, se están recrudeciendo las persecuciones y encarcelamientos de los principales opositores, y llegar a la conclusión de que el diálogo es inútil, y con Fidel, imposible.

Deberían consecuentemente unirse a la marcha por la plena libertad de Cuba, y de este modo crear la verdadera unidad, que se hace tan necesaria en estos momentos.

Por otro lado, la marcha debe incluir a colombianos y venezolanos, que se encuentran prácticamente exiliados en Miami, para protestar contra las FARC y Chávez respectivamente, y en rechazo del terrorismo internacional. Tenemos que considerar que la suerte que corra la guerra contra el terrorismo en Venezuela y Colombia, está íntimamente ligada con lo que ocurra en Cuba.

La lucha es de todos.

El Nuevo Herald
28 de marzo del 2003.

¡QUÉ POCA MEMORIA!

Asesino Castro, siempre asesino. Los últimos acontecimientos en Cuba no me sorprenden en lo más mínimo. Desde su época universitaria Fidel se destacó como un criminal disfrazado de estudiante de la FEU, así como en otras actividades gangsteriles. Participaba, como cobarde que es, disparando a sus rivales, siempre escondido. Con esos antecedentes tampoco me sorprendo.

Su actividad criminal desde la toma del poder en enero de 1959, que comenzó con los fusilamientos en masa ese mismo año, el circo de la condena del coronel Sosa Blanco y a todo infeliz soldado que encontró por el camino, ya nos hacía presentir lo que ocurriría en Cuba.

¡Qué mala memoria tienen, los que pretendían hasta hace poco una conciliación con el terrorista y su régimen, y estaban dispuestos a aceptar una Constitución Comunista con tal que la dictadura les diera la oportunidad en una pequeña apertura!

No hace falta mencionarlos; son bien conocidos en el exilio, y cualquiera se equivoca, pero en lugar de reconocerlo y tratar de lograr la unidad con los que siempre han mantenido una línea de dignidad contra el régimen, siguen con su propia agenda.

Parece que tener dinero y hablar inglés es suficiente para ellos.

El Nuevo Herald
28 de abril del 2003.

¿QUÉ PASA CON CUBA?

Hoy, 20 de mayo del 2003, no puedo dejar de pensar en otros dos 20 de mayo, sin poder precisar exactamente en qué años. Recuerdo bien que uno de ellos fue durante la administración de Ronald Reagan y el otro durante la administración de George W. Bush.

En ambas ocasiones fui invitado a la Casa Blanca por dos amigos distintos que tenían contacto directo con ambas administraciones. Éramos un grupo como de 40 cubanos que nos reunimos en la celebración del 20 de mayo no sólo para conmemorar la fecha gloriosa de nuestra Independencia, sino también para escuchar palabras de aliento de ambos presidentes sobre la inminente caída del régimen castrista y la pronta liberación de nuestra Patria.

"No se puede nadar contra la corriente democrática" –nos dijo Bush, recibiendo los aplausos fervorosos de los allí reunidos-. Algo parecido, pero todavía más enfático y con más agresividad nos había dicho Reagan unos años antes.

Después nos pasaron a un anfiteatro en el cual un oficial de alto rango nos mostró en un mapa de Cuba todas las instalaciones militares que se encontraban en las distintas provincias, así como las fotografías de los generales al mando.

Después vino la fotografía en el jardín de la Casa Blanca, donde hubo hasta empujones para retratarse. Naturalmente, en ambas ocasiones salimos de más esperanzados sobre la eventual y pronta liberación de nuestra Patria.

Han pasado unos cuantos años... y seguimos oyendo los mismos cantos de sirena. ¿Qué pasa con Cuba?

Diario Las Américas
23 de mayo del 2003.

YA ROGAMOS.... ¿POR QUÉ NO EXIGIR?

Parece que el mundo entero se está liberando de dictadores y terroristas, con la ayuda de la administración de Bush; sin embargo, no hay política alguna sobre qué hacer con Cuba y el sanguinario Fidel Castro, responsable de la inestabilidad política de la mayoría de los países latinoamericanos.

Fidel se cae por el problema económico, o porque hizo el ridículo por la radio, o porque fusiló a tres infelices, o porque está viejo y se muere en cualquier momento, o porque insultó a la Unión Europea o dijo horrores de Aznar.

Parece que no nos damos cuenta de que Fidel es hoy en día dueño de Venezuela, cómplice de las FARC en Colombia, amigo de Lula DaSilva en Brasil y de Kirshner en la Argentina; y con millones de simpatizantes en toda Latinoamérica, inclusive unos cuantos dirigentes de la OEA. Simplemente hay que admitir que el tipo no se cae, hay que tumbarlo a la fuerza.

Los cubanos y venezolanos debemos unirnos en una sola organización y exigir a Washington que erradique ese cáncer antes que sea demasiado tarde, no sólo por nuestros intereses, sino por los de ellos mismos.

Diario Las Américas
12 de julio del 2003.

¡POBRE CUBA!

El reciente encuentro del jefe del gobierno español José María Aznar con un selecto grupo de la comunidad cubana que apoya el Proyecto Varela, ha servido para dividir aún más al exilio.

Con todo el respeto que merece el Sr. Aznar, el cual sin duda se ha convertido en un líder mundial con su apoyo a la guerra de Irak y su gran actuación en el desarrollo económico y social en su país y dentro de la Unión Europea, considero que su apoyo al Proyecto Varela y una transición pacífica en Cuba puede ser beneficioso para los inversionistas españoles, pero sin justicia no se puede fundar una nueva República.

El Proyecto Varela, de triunfar, ignorará al exilio. A los que piensan que van a ser bienvenidos para hacer negocios en Cuba, les recomiendo que se hagan ciudadanos españoles.

Han pasado 44 años de la llegada del gangster universitario que ha arruinado al país, ha cometido todo tipo de crímenes y atropellos en contra de su propio pueblo; convertido a la Isla en una gran cárcel con vista al mar, al que se han arrojado y perecido miles de cubanos buscando libertad. Sin embargo, todavía no vemos una salida digna a nuestra tragedia, sino que estamos vislumbrando una componenda con el régimen castrista, disfrazada bajo la excusa de una transición pacífica. Claro está que una transición pacífica significaría "el mismo perro con diferente collar".

¿Y qué pasa con los demás responsables de apoyar tantos crímenes? Pues bien, gracias. Alguien tiene que gobernar.

Diario Las Américas
17 de octubre del 2003

YO NO COMPRENDO...

Yo no comprendo por qué una parte del exilio está a favor del Proyecto Varela, ya que es inoperante con Fidel en el poder.

Yo no comprendo cómo las organizaciones del exilio están dispuestas a aceptar la Constitución Comunista de 1976, enmendada en 1982, como la mejor forma de que ocurra una transición pacífica en Cuba.

Yo no comprendo cómo se pretende aislar e ignorar al exilio histórico, que ha sido la vanguardia de la lucha contra el tirano, y somos nosotros los que hemos luchado con las armas y la palabra, y seguimos haciéndolo a través de 45 años de exilio.

Y al final, sí comprendo por qué todo esto está pasando. Porque no estamos unidos bajo una sola bandera: la cubana.

Dejémonos de tanto protagonismo y nombremos a un grupo de notables, no para formar un gobierno en el exilio, sino porque a la caída del déspota tengamos una representación digna en la nueva Cuba que se avecina.

Si esto ocurriera, estoy seguro que tendríamos el apoyo de la mayoría del exilio, y pudiéramos contrarrestar a estas nuevas organizaciones oportunistas.

Diario Las Américas
21 de octubre del 2003.

INFATUACIÓN CON PAYÁ

He leído con asombro las declaraciones de Osvaldo Payá sobre su nuevo proyecto de un "diálogo nacional". Naturalmente, como en su famoso Proyecto Varela, el Sr. Payá vuelve a ignorar completamente al exilio.

Cuando no se ve la luz de la libertad por ninguna parte, algunos grupos del exilio dan su apoyo a cualquier cosa, aunque sea con Fidel. Con esto no quiero decir que el diálogo nacional implica que Castro tendría que apoyar a este nuevo proyecto de Payá.

Ahí está el misterio que rodea a la situación de Payá, cómo lo dejan actuar impunemente, hablando por la radio, inclusive apareciendo en televisión cuando se le ocurra, mientras todos los demás opositores están presos; entre ellos Raúl Rivero, Marta Beatriz Roque y el Dr. Oscar Elías Biscet, que no ignoran al exilio ni la cooperación del gobierno norteamericano en la eventual liberación de nuestra Patria.

En mi opinión, el Sr. Payá lo está usando como una salida en el caso de que el régimen vea que no se puede mantener en el poder; en cuyo caso puedan salvar el pellejo. Lo cual pudiera ocurrir en el caso que Venezuela se libre de Chávez, ese sería su Waterloo.

Hay una cláusula en el llamado "diálogo nacional" de Payá, que es completamente inaceptable, no solamente para el exilio sino para miles de familiares residentes en Cuba de las víctimas de las atrocidades del régimen cometidas a través de sus 44 años en el poder: Amnistía política general para los actuales gobernantes.

Hay otras más increíbles todavía, cuando se declara que: "No se devolverán las viviendas confiscadas". ¿Quién es Payá para decirme a mí, ni a nadie, que no podremos recobrar nuestras propiedades en Cuba?

La dignidad es una cualidad muy cubana, que ni Fidel ni Payá nos pueden quitar.

Diario Las Américas
18 de diciembre del 2003.

LA LIBERTAD EN JUEGO

Me refiero al artículo de Vicente Echerri: Cuba: vigencia de los cambios violentos (Perspectiva 1y 2 de enero), al cual felicito por su magnífica percepción de lo que quizás no va a suceder en Cuba, pero que verdaderamente quisiera que sucediera una gran mayoría del exilio digno (no una transición pacífica, que sería un desastre, como bien explica el Sr. Echerri).

Como bien, el exilio no conseguido el respaldo de la opinión pública en los Estados Unidos, y este pueblo no está informado de lo que ha ocurrido en Cuba durante los últimos 45 años que lleva en el poder el gangstercito universitario, que se apoderó de nuestra isla y la convirtió en una gran cárcel con vista al mar; nos hemos pasado 45 años hablándonos a nosotros mismos. El mismo disco rayado en la radio de Miami diciendo lo malo que es Fidel. ¿Y qué sacamos con eso? Absolutamente nada.

Lo que no entiendo es cómo es que durante todos esos años no se ha subvencionado por las organizaciones anticastristas ni un solo programa en inglés para el pueblo americano. Bueno... se me olvidaba que hay un programa en inglés donde un tal Aruca defiende a Fidel.

La conclusión que se desprende del artículo de Echerri es que solamente nos queda una posible intervención americana. Es la pura realidad, y no sería como en Bagdad, pues lo único que hace falta es un helicóptero. No solo está en juego nuestra libertad, sino que se trata de eliminar el peligro de un probado terrorista a sólo noventa millas de Miami.

El Nuevo Herald
Viernes 9 de enero del 2004.

Y AHORA, LA ESPERANZA ES CARTER

"Cualquier cosa, aunque sea con Fidel", parece ser la consigna de las organizaciones del exilio que acudirán invitadas a Atlanta, Georgia, a discutir en el Centro Carter el futuro de Cuba.

No olvidemos que el Mr. Carter ya estuvo en Cuba, donde valientemente expuso, con el consentimiento de Fidel, su apoyo al Proyecto Varela y la eventual entrada de Cuba a una verdadera democracia representativa. Fidel prácticamente se burló de él, ya que solo le interesaba su apoyo para que le levanten el embargo.

Ahora se habla de que en la reunión de Atlanta están incluidas tendencias diversas de los exiliados. Que yo sepa, todos los asistentes están de acuerdo con Payá y su "diálogo nacional", e incluso reconocen la Constitución comunista del régimen. Se mencionan a organizaciones que son todas partidarias de un diálogo con Fidel.

Todo el exilio tiene derecho a opinar, y no hay por qué criticar una reunión más, pero lo que no se puede aceptar es que se diga que "a la reunión van a acudir tendencias diversas", pues todas piensan igual. ¿Por qué no invitaron a la Junta Patriótica Cubana, o a Unidad Cubana, o a la Brigada 2506? ¿Es que ellos y nosotros no somos todos cubanos?

El Nuevo Herald
19 de enero del 2004.

NUESTROS PRINCIPIOS
NO NOS LOS QUITA NADIE

Me refiero al artículo del Sr. Andrés Reynaldo publicado en El Nuevo Herald el sábado 31 de enero del 2004, titulado "Deber de gratitud", en el cual exalta las virtudes de los que él llama "viejos del exilio", y menciona todo el sacrificio y vicisitudes que tuvimos que atravesar para desenvolvernos en este país, en una constante lucha por la supervivencia, y cómo gradualmente no sólo vencimos todos los obstáculos del idioma y de las costumbres ajenas a nuestra idiosincrasia, sino que logramos educar a nuestros hijos, entre los cuales hay una mayoría que son hoy un ejemplo del carácter y fortaleza de sus padres.

Todo eso es muy lindo; pero en el fondo lo que se nos est'a diciendo es: "muchas gracias, pero los tiempos han cambiado", y que no debemos odiar tanto a Fidel, y que hay que pensar distinto, y que ellos (la juventud) tienen la solución con una política menos agresiva con respecto al régimen castrista. Y en otras palabras, que estamos liquidados y que sigamos tomando café.

¿Así que los miembros de la Brigada 2506, del MRR, los ex presos políticos, todos los que se jugaron la vida y han mantenido la bandera en alto por 45 años en el exilio, internacionalmente no tienen nada que decir?

Gracias a nosotros usted puede opinar hoy: "aceptamos que hacía falta una revolución". Esa es la teoría de la revolución traicionada, y nunca reconocerán que todos somos culpables, los que ayudaron a Fidel y los que no lo eliminamos, y que su revolución ha hundido al país, y que la solución hubiese sido una evolución.

Pues Sr. Reynado, seguiremos tomando café, igual que usted, pero nuestros principios y lucha por una Cuba totalmente libre no nos la quita nadie.

El Miami Herald
31 de enero del 2004.

EL INGENUO MR. CARTER

Por todos lados del mundo aparece Mr. Carter, para arreglar cualquier problema de tipo electoral y dar un sello de aprobación al proceso, con lo cual se imagina que los habitantes de dichos países quedarán complacidos con lo que él decida.

El ganador del Premio Nobel de la Paz ha llegado a la conclusión que hay que dialogar y dialogar con cualquier régimen dictatorial para, por la gracia del Espíritu Santo, el dictador, ya sea en cuba o en Libia, Siria o Korea del Norte, se vaya convirtiendo paulatinamente en un demócrata, sin necesidad de aplicar violencia alguna.

En esa trampa cayeron las organizaciones del exilio que acudieron recientemente a una reunión en el Centro Carter de Atlanta, donde no fueron invitadas la mayoría de las organizaciones verdaderamente anticastristas y que no aceptan un contubernio con Fidel. Los que acudieron han perdido prestigio por sentarse a conversar sobre una posible transición pacífica y un diálogo con la tiranía, lo cual no es aceptado por la mayoría del exilio.

En su reciente viaje a Venezuela, donde solamente estuvo un par de días, Mr. Carter, después de reunirse con Chávez, acudió a una reunión con el consejo Electoral, y apoyado en una supervisión muy parcial de su Centro Carter, declaró que todo iba perfectamente bien y que el pueblo venezolano debía acatar la decisión del Consejo, aunque fuera desfavorable al revocatorio.

No creo que el pueblo venezolano confíe demasiado en lo que diga el ingenuo de Mr. Carter.

Diario Las Américas
27 de marzo del 2004.

ÚLTIMOS ACONTECIMIENTOS

Tal parece que al tratar de escribir un libro sobre los acontecimientos que ocurren fuera y dentro de nuestra Patria, no tenemos modo de terminarlo, pues todos los días se suceden eventos que influyen cada vez más en la eventual caída del régimen.

Uno de ellos, de suma importancia, ha sido la reciente condena de Cuba en Ginebra, con la intervención de una mayoría de países latinoamericanos, como Méxido, Uruguay, Argentina, Perú, Paraguay, Chile, Colombia, países de Centroamérica, y solamente con la abstención de Brasil y Ecuador, y Venezuela, que naturalmente votó en contra. No hay duda de que la representación del exilio que acudió a Ginebra, así como la participación de la representante de Nicaragua, una ardiente anticomunista, Ana Navarro, que hizo una gran exposición sobre la violación de los derechos humanos en la Isla, fueron una gran contribución a que la condena se hiciera efectiva.

Se decidió que Naciones Unidas enviara un relator a la Isla para comprobar la situación de esos derechos en Cuba. Naturalmente que eso no ocurrirá, y ya lo aclaró el zoquetico de Pérez Roque, pero el daño al régimen castrista internacionalmente es enorme, y ellos hicieron lo imposible por evitarlo.

El otro evento de suma importancia, ha sido la salida y entrada al poder de Hugo Chávez, en Venezuela, el cual en los primeros momentos fue un gran aliento para el exilio cubano, así como para la mayoría del pueblo venezolano allá, y fuera del país.

Desgraciadamente tuvimos sólo 24 horas de alegría, hasta el anuncio de que el títere de Castro había sido reincorporado al cargo, lo cual ha sido interpretado de auto-golpe por algunos, y por otros como un fallo enorme de la oposición y del Sr. Carmona, presidente provisional, al pretender suspender la Asamblea Constituyente y el Tribunal supremo, a pesar de las recomendaciones en contra, del gobierno americano.

Diario Las Américas
Jueves, 4 de abril del 2004

TEORÍA DEL ENEMIGO PRINCIPAL

Estamos en guerra, y no parece que algunos de nuestros compatriotas se den cuenta de que es nuestro deber apoyar al presidente Busch. Lo que está en juego no es solamente la libertad de Cuba, sino la libertad del mundo.

Mientras Busch es atacado despiadadamente por los demócratas, al punto que parecen alegrarse de todos los problemas que surgen durante su administración, y dividen al país en tiempo de guerra, el presidente se mantiene se mantiene firme en Irak, considerando la guerra justa e inevitable, para proteger la seguridad del país y el futuro de nuestra civilización.

En este momento hay que pensar no sólo en nuestros problemas, sino lo que espera a nuestros nietos y bisnietos si no se actúa hoy con firmeza contra el terrorismo.

Necesitamos una visión más amplia de los peligros y dejar de lado, de momento, los problemas regionales que además, no se podrán resolver de ninguna manera si hay cambio de administración.

El Nuevo Herald
10 de mayo del 2004.

LA VISITA DE CARTER A CUBA

Después de la visita de Jimmy Carter a Cuba, tengo que confesar que, para mi sorpresa y gran parte del exilio, su comparecencia ante el Aula Magna de la Universidad de La Habana, tuvo sus resultados positivos.

Valientemente Carter les dijo a los estudiantes, entre los que se encontraba un grupo numeroso de norteamericanos que estudian en Cuba, unas cuantas verdades, pidiendo un cambio radical al sistema socialista imperante en el país, para gradualmente establecer la democracia.

Hizo notar un dato muy interesante al mismo Castro, y fue que el embargo, tan cacareado y criticado por su régimen, no lo estaba perjudicando, pues él podía comprar en otros mercados medicinas y alimentos, a mejores precios que en los Estados Unidos.

También sacó a relucir, para sorpresa de los concurrentes, el Proyecto Varela, como un primer paso que pudiera dar el régimen con su aprobación a una apertura democrática en el país.

Posteriormente el Proyecto Varela, hoy en día mundialmente conocido, que fue presentado a la Asamblea Nacional por Osvaldo Payá, con la aprobación y firma de once mil cubanos, solicitando un referéndum a considerar aperturas políticas del régimen, fue también aplaudido por el presidente George W. Busch, el presidente checo Vaclac Havel, el Senado de los Estados Unidos y la Unión Europea.

En el exilio sin embargo, no ha habido un respaldo unánime al mismo, ya que indudablemente el Proyecto Varela ignora al exilio en general y no contempla un cambio radical del régimen, sino más bien una apertura con el mismo régimen y con su misma Constitución Comunista de 1976, enmendada posteriormente en 1992.

Naturalmente, todo esto implicaba, de ser aprobado, una transición pacífica en Cuba, con el beneplácito de Washington y de algunos de nuestros políticos más jóvenes, los cuales están impacientes por hacer negocios en Cuba, y me refiero específicamente a la Fundación cubano americana, unos cuantos millonarios y otros que aspiran a cargos públicos, como Carlos Alberto Montaner.

Antes se hizo la revolución a base de "cualquier cosa menos Batista", y ahora se desea un cambio, aunque sea con una Constitución comunista y "aunque sea con Fidel y posteriormente con Raúl Castro, Alarcón o Lage".

Borrón y cuenta nueva. Aquí no ha pasado nada. No importan los fusilamientos, las torturas, los presos políticos, las víctimas del remolcador 13 de marzo, los miles de ahogados en las aguas del golfo, los cuatro pilotos asesinados en las avionetas de Hermanos al Rescate; los espías, el contacto probado con el terrorismo, la amenaza atómica a este país durante la Crisis de los Cohetes, todo un verdadero régimen malvado que tiene que ser perdonado, a pesar de estar desarrollando tecnología suficiente para provocar una guerra bacteriológica en los laboratorios de la base de Lourdes.. Todo un verdadero régimen malvado que tiene que ser perdonado, para que unos cuantos vivos vuelvan a Cuba.

Sin embargo, ha ocurrido un evento que favorece nuestra posición de "línea dura", y es que Fidel hizo caso omiso del proyecto Varela, y recogió ocho millones de firmas para declarar su revolución "intocable", lo cual hace imposible una transición pacífica en Cuba, y el mismo Proyecto Varela, por mucho que lo aplaudan, resultaría obsoleto con el tiempo, y se tendría que recurrir a la violencia, a la muerte de Fidel, y entonces sí habrá justicia.

Diario Las Américas
Martes, 16 de junio, del 2004

¡QUÉ POCA DIGNIDAD!

Con el cambio de las regulaciones sobre viajes a Cuba, envío de paquetes, etc., de la administración Bush, estamos viendo lo dividido que está el exilio. Siempre lo ha estado, pero ahora lo vemos con más claridad.

Para ponerlo más sencillo: hay dos tipos de exiliados, los que odiamos a Castro por haber arruinado nuestra Patria, además de haber cometido todo tipo de crímenes y agresiones contra su propio pueblo, convirtiendo al golfo de México en un gran cementerio y a Cuba en una gran cárcel con vista al mar.

Nosotros hemos estado esperando 44 años por el día en que el dictador Fidel Castro sea derrocado y juzgado por su propio pueblo.

Desgraciadamente esto no ha ocurrido y los 44 años se han convertido en un siglo, y ahora surge otra generación que no comparte nuestro odios y quisiera llegar a un acuerdo con el régimen, como si eso fuera posible.

Critican a Bush por no hacer nada, y cuando actúa y define su posición de terminar con Fidel, también lo critican, porque ya no pueden ir a turistiar a Cuba, ni a celebrarle los 15 a la niña con sus antiguas amiguitas en Cuba.

Estos cubanos exiliados viven en un mundo aparte, como si Miami y La habana fueran dos ciudades de un solo país, sin importarles un bledo el estar manteniendo en el poder al bestia de Fidel, que los expulsó de su Patria. ¡Qué poca dignidad!

Diario Las Américas
Jueves 1ro. de julio del 2004

CONCLUSIÓN

¡Qué difícil se me hace terminar este libro, cuando la problemática cubana es como esos episodios del cine en Cuba, que nunca se sabía cómo iban a terminar!

Habría que tener una bola de cristal para saber cuál va a ser finalmente nuestro destino. Parece que tendremos que seguir esperando la muerte del tirano, a no ser que surja algo inesperado, y aún así, no contemplo una salida que sea de nuestro agrado.

Indudablemente que el posible triunfo del referéndum en Venezuela para remover a Chávez sería un verdadero revés para Fidel, pero los regímenes comunistas no se caen por economía, sino por el deseo del pueblo de removerlos por la violencia.

Desgraciadamente, tenemos en la isla un cubano distinto y no dispuesto a jugarse la vida, y los pobres disidentes que actúan pacíficamente son encarcelados y torturados.

Un golpe de estado no se ve factible, y una intervención americana tampoco... Así que estamos en un limbo, esperando el día que indudablemente llegará, y quizás algunos de nuestra generación lo podrán disfrutar, en el cual Dios nos devuelva nuestra Patria,
libre y soberana, como la soñó Martí.